負けヒロインを卒業する日

恋愛成就・復縁を叶えるレッスン

佐藤愛

すばる舎

Prologue

「意中の男性と付き合いたいけど、なかなか距離が縮まらない……」

「好きな人を別の女性に取られてしまった！」

「どうしても元彼と復縁したい……」

「あの人のこと、絶対に諦めたくない！」


今も昔も、恋に敗れる女性たちの嘆きやため息は絶えることはありません。


「もう、本当に、最後の恋にする！」

そんな決意は儚くも崩れていく……。

「私って負けヒロイン……」

感傷に浸っていても現実は変わらないけれど、今はとにかく涙を流していたい。
そんな経験をしてきた方も多いのではないでしょうか。
でもいつかはやっぱり、パートナーとの幸せを掴み取りたいですよね。

でも大丈夫!

恋愛下手とか、こじらせ女子とか、負けヒロインとか、いろいろ言われますが、
それらはすべてあなたの努力次第で変えることができます!
負けヒロインは卒業できます!

はじめまして。
私は「ココナラ」というスキルマーケットサイトで恋愛相談、特に復縁相談を受け

ている、佐藤愛という者です。

コロナ禍をきっかけに活動し始め、ありがたいことに今ではほぼ全期間、恋愛相談・アドバイスカテゴリのランキング1位をキープし続けています。

寄り添わないし厳しいことも言う、自分で「戦場」と呼ぶほどスパルタな相談ですが、その分全力で復縁というゴールに向かってコミットしているという自負はありますし、おかげさまで支持してくださる方が増えていることをありがたく思っています。

今回は、そんな私が今まで自身が経験してきた恋愛や、復縁相談で数多くの方々と向き合うなかで積み上げてきたノウハウを本の形で出版させていただくことになりました。

私がさまざまな年齢、職業、性格、趣味のご相談者様と対話を重ねてきたなかでいつも感じるのは、ご自身が考えている以上に知らないことが多く、おかしな行動を取っているということです。

○なぜかいつも恋愛がうまくいかない
○パートナーと長続きしない
○元カレにＬＩＮＥやＳＮＳをブロックされてしまった
○片想い中の人 or 今のパートナーを好きでいていいのか不安
○大事な場面でいつも失敗して、恋が実らない

このどれかに当てはまる恋愛下手さん、こじらせ女子さんには、目からウロコの内容が盛りだくさんとなっていることをお約束します。

本書の内容は、恋愛が苦手だったり、恋愛に苦しんでいたりする人のために体系化したものですが、正直なところ簡単な内容ではないですし、意志も覚悟も努力も必要です。

ＬＩＮＥや言動のアドバイスもしますが、それ以上にご相談者様がご自身の知識を増やし、受け取り方を変えていく努力をしてもらうのが、私の復縁相談の特徴と言え

るかもしれません。
その分、お読みいただき実践していただければ、復縁に留まらず恋愛全般、そして
これからの人生にきっと良い結果をもたらします。

絶対に復縁したい相手がいるあなた
絶対に成就させたい恋があるあなた
自分軸の幸せを手に入れたいあなた

大丈夫。
覚悟を持って読み進めていただければ、きっとチャンスが訪れるでしょう。
自分軸の幸せを手に入れることができます。
選ばれるし、選べるようにもなります。

あなたもヒロインです。

負けヒロイン卒業へのロードマップ

第1章
第2章
恋愛相談の落とし穴と
あなたが失恋する理由を知る

現実を受け入れる ⇨ 現在地を把握する
復縁に必要な準備を始める

第3章
好きな人・復縁したい人を
深く分析する

真の要因をみつける ⇨ 「愛着スタイル」「脳タイプ」分析
言動の振り返り・分岐点探し ⇨ LINEで相手心理をを探る

第4章
恋が成就する環境や自分に変えていく

負けヒロイン思考を生み出す自分の中の悪魔と戦う
営業力を身につける ⇨ 「待つ」を味方にする

第5章
必ず訪れる辛い時期の耐え方を知る

不安になる理由と、気にしなくていい理由を知る
断片的な情報に踊らされないためにできること

第6章
恋も人生も自分の軸で決められるように!!
あなたがヒロインの恋が始まる!!

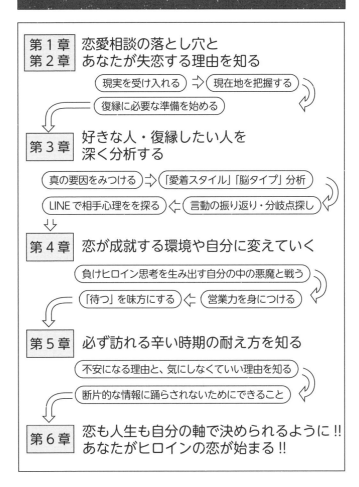

第3章

恋愛分析の解像度が一気に上がる必修知識

第4章

ヒロインになるための自己改革

第5章

結果が出るまでの辛い時期をどう乗り越えるか

第6章

自分軸の人生を選べる女になるために

装画　さめない
ブックデザイン　須貝美咲（sukai）
図版・DTP　朝日メディアインターナショナル
編集　大原和夏（すばる舎）

第1章

本気で学び、変わらなければ負けヒロイン体質から脱却できない

01

恋愛の悩み、どう向き合うのが正解？

復縁カウンセラーが経験してきた失敗

――友人への恋愛相談で、悩みが解決したことありますか？

10代、20代の頃の私は、恋愛相談はもっぱら友人にしていました。ドリンクバーで長居しながら恋愛事情を語り合うのはとても盛り上がりますよね。

しかし、そうやって**盛り上がった後に恋の悩みが解決したことってありますか？**

私はありません。

話したことでスッキリすることはあっても、悩んでいる本当の原因が解決されるようなこともなかったと思います。

もちろん稀にきちんと回答してくれる人もいると思いますが、その方の経験値に大きく左右されることなのであくまでも助言の一つとして考えるべきでしょう。

年齢を重ねた私はいつしかまったく友人に恋愛相談をしなくなりました。

――１００万円以上を恋愛相談に費やしてわかったこと

30代に突入した私は、恋愛相談というサービスを初めて利用してみました。

その時の先生はとても素敵な方でした。今思えば分析力はそれほどではなかったと思うのですが、元気をもらえるタイプの先生で前向きな気持ちにさせてくれたのです。

同時に、恋愛相談の先生が集まっているプラットフォームがあることを知り、相談を受け付けている人がこんなにいるんだと驚きました。

そこで抱いた疑問が**「誰に相談すればいいのかわかんなくね？」**というものです。

当時私には「めっちゃ好き」とか「復縁したい！」ではなく、ちょっといいなと思っているぐらいの人がいました。

「じゃあ実験してみようかな」という気持ちで私がしたのは、**38人の先生にまったく**

同じ内容の相談をするということでした。

費やした金額はゆうに１００万円以上です。

ちなみにその過程で占い師（3人だけですが）にもまったく同じ内容を占ってもらいました。「占いが当たるなら、全員同じことを言うはずだ」と。

ただ、みなさんの予想通りかもしれませんが、全員に違うことを言われた上に、言われたことは間違いばかりでした（笑）。

とにかく当時はたくさんの方に相談をして、どなたが何を言ったかを自分なりに収集して、いいとこ取りをしようと思っていたのです。

「こういう傾向があるんだ」「この点はこの人の言ってることを信じようかな」というふうにしようと目論んでいたのですが、**中途半端なことをやるとうまくいかないものので、得られるものはほとんどありませんでした。**

女性の先生には、人によっては「そんな相手やめときなさいよ」と説得されることもあり、男性の先生には「僕の経験だと〜」とご自身の経験だけをお話しする方が多く、良い方向に進むことが少なかったです。

「友人に相談してるのと変わらない」と思った私は、38人の中からすごく良かったなと感じた2人だけをピックアップして、以降は絞って相談するようになりました。

他にも恋愛相談には落とし穴があります。

意外に多いのが、**相手の職業や趣味に対して知識がないケース**。

ご相談者様の相手が珍しい仕事をしていたり、趣味を持っていたりしたときに、知識がないために相手の現状認識がぼやけてしまうのです。

業界特有の繁忙期もそうですし、趣味によってお金のかかり方や時間の取られ方も違いますよね。

私はココナラでの恋愛相談を専業にする以前は長らく人事系の仕事をしていたため、さまざまな業界や企業についてある程度の知識を持っています。

そしてすごく多趣味なので、ご相談者様やその相手と何一つ趣味が被らないということがほとんどありません。

それが功を奏してアドバイスをすることができたり、ご相談者様の不安を払拭できたりもするので、実は意外と馬鹿にできない要素なのです。

ちなみに、繁忙期などが一番読めないのはお医者さん。本当にバラッバラなので「こういうもんだよ」とは最も言いづらい職業です……。

一会社員だった私にとって決して安くはない金額を投じましたが、結局ほとんどの恋愛相談の先生には役に立つことをアドバイスしてもらえませんでした。それでも私は恋愛相談は必要なものだと考えています。

その大きな理由は、**一人で考えると客観性がなくなるから**。

うまくいくこともありますが、一人で考えているとどうしても人は自分に都合のいい情報だけを集めたり、都合よく解釈したりしてしまいます。

心理学用語で**確証バイアス**と呼ばれる現象です。

実は友人に恋愛相談をしなくなってから有料サービスを利用するようになるまでの間、私は**「とにかくいろいろな情報を自分で集める」**ことに没頭していました。

ネットの情報を調べて読み漁ったり、本を買って読んだり……。

そうするとある程度の知識はつきますし、「友人に相談するのってスッキリするだけだったな」と強く実感するようになります。

でもそうやって**どんどん自分の知識が増えることが実は落とし穴**で、大きな恋の悩みにぶつかった時に「これ先週ネットで（本で）読んだな」と**自分の知識だけで戦おうとして失敗してしまう**のです。

当時の私には「私は彼に好かれていない」という方向に持っていく思考のクセがあったので、相手を疑うことが多く、**せっかく情報やノウハウを蓄積していてもそれを使うタイミングや、どれを使うかという選択を間違ったりしました。**

――プロの価値はどこにある？

得られるものが少ないアドバイザーやカウンセラーが多かったプロの恋愛相談です

が、中には本当に役に立つことをアドバイスしてくれた先生がいたのも事実です。**今まで通り自分一人で進めていたらとっくに終わっていたであろう恋愛をしっかり継続させることができるようになり、何より「自分は彼に好かれていない」という思考のクセに気づくことができたので、悩みのタネ自体が減っていったのです。**

私が初めてプロに恋愛相談をしたときは、前述の通り気分を上げてくれることに長けていた方だったので、一緒に戦ってくれる同士を見つけたような気分になったことを覚えています。

私も今ではお金をいただいて恋愛相談を受け付ける以上、ご相談者様に価値を感じてもらえるように努力してきました。

恋愛に限らずカウンセラーには種類があり、唯一の国家資格である公認心理師は、大学で心理学を専攻して国家試験に合格する必要があります。

私は現状は民間資格しか持っていませんが、**心理学の先生やカウンセラーさんから**

実践の勉強をしたり、本から知識を得たり、ご相談者様のお役に立てるよう学びに数百万円を費やしてきました。公認心理士などの資格を取得することも考えましたが、かかる時間などのコストとやりたいことのコストが合わないと考え、今のまま相談を続けています。

人によって勉強にかける金額に差はあると思いますが、学位のある心理士さんであろうと、私のように独自に勉強している人であろうと、それだけのコストを使って勉強している人のアドバイスと友人のアドバイスに差が出ることは当然なので、プロの価値はそこにあると考えています。

しかし、何かしらのサービスを利用してプロに恋愛相談をするとなると、決して安くはない金額が必要になってきます。

本書は私が日頃の恋愛相談の中で実践している分析や思考、ご相談者様にお伝えしている自己改革や自分磨きの方法を詰め込んだものです。

今すぐ恋愛相談にお金はかけられなかったり勇気がなかったりという方が、可能な限り自身の力で今抱えている恋の悩みを良い方向に向かわせられるようにと執筆しました。

ひとりで考え込むことの危険性もお伝えしましたが、それも含めて知識として知っておくことはとても重要です。

また、本書は相手の分析やアプローチだけではなく、**「恋愛下手＝負けヒロイン体質」を変えていくことにも注力しています。**

もちろん、本書を読んで私の恋愛相談に興味を持ってくださる方がいれば大変うれしいことですが、その必要もなくなってしまうようにみなさんの人生が良い方向に進んでくれれば、それが一番だと思っています。

ひとりで悩んでも、友人に
相談しても、恋の悩みが
解決に向かうことは少ない

その他、注意すべきカウンセラー（相談相手）

性別で決めつける人

「男はこういうもの」「女はこういうもの」と決めつけるタイプ。

男女には違いがあるのは事実ですが、そこから先は千差万別でむしろ腕が問われる領域。

性別の基準のみで話す人に相談をするのであれば恋愛指南書を購入した方が安いです。

夜職（出身）の人

お酒の席で人と接するプロなので、テクニックの助言に関しては一枚上手。

しかしお金に関する基準が大きくズレていることが多いので、相手との悩みの中で金銭が絡む時に相談すると間違った助言を聞くこともあるので注意が必要です。

相談を長引かせようとする人

受け付けるカウンセラーは 1 秒でも長く話してもらったり、何度も相談してもらった方が稼ぎになります。
悪質な人は大したアドバイスをせず、実際には悩みが解決しない話だけをしてその場ではスッキリさせることでまた相談に誘導するので「何も変わってないな」と感じたら相談をやめるか、他のカウンセラーに切り替えましょう。

メモやカルテを取らない、覚えてない人

これまでの相談内容をメモに残しておらず、進捗を相談した時にまた 0 から話す必要があるカウンセラーも中には存在します。

ご相談者様と真剣に向き合っていないだけなので「先生はたくさん相手しているから、忘れることもあるよね」などと考える必要はありません。

これはカウンセラーやアドバイザーの怠慢です。

02

文脈なくして、恋愛分析なし

タイプ分析に頼るカウンセラーには注意

——結局、人間を定義することはできない

恋愛相談においてよく用いられるのが「この人はこういうタイプだから」という分析方法です。

もちろん傾向を把握する上では有用ですし、私もタイプ分類を恋愛相談の中で用いることはありますが、結局人はそれぞれ違うものなので明確な定義付けをすることはできません。

最終的に必要なのは、**言動やＬＩＮＥ、ＳＮＳのメッセージから感情を読み取ること**なのです。

私はこれが最重要だと考えているので、恋愛相談ではここに莫大な時間を費やしますし、時には感情移入しすぎてご相談者様とお話ししながら涙を流すこともあるほどです。

タイプ分析まではできても、感情を読み取る部分ができる同業者さんはなかなかいないのが現実ですし、私はここが得意である点で幸いにも評価していただいているのではないかと考えています。

――文脈を読み取れれば、うまくいかない理由も読み取れる

タイプはあくまでヒントなだけで、**相手（好きな人、元カレ）が何を求めていたかというのは相手とご相談者様２人の文脈ありき**なのです。

たとえば「別れたい」と切り出した彼に対して理由を聞いたときによくあるのが**「だって、俺のこと好きじゃないじゃん」**と返されるケース。

実際はまったくそんなこともなく、とても好きで付き合い続けたいと思っていても起こり得るのですが、これも文脈を読み取れれば原因を特定することができます。

ここで過去のご相談者様の例を見てみましょう。

彼氏と一緒に映画を見たかったAさん

彼氏から別れ話をされたAさんは、その数日前に2人で会っていたときに相当わがままな発言をしてしまった自覚がありました。

自分のわがまま発言で彼を傷つけてしまったし、そのせいで彼も不機嫌になってしまった。そのせいで振られてしまった、という記憶が強く刻まれていたのです。

しかし私がよくよく話を聞いていくと、振られてしまった本当の理由は別にあることがわかったのです。

それは**「言行の不一致」**でした。

Aさんは以前、ある映画を観たときにとてもおもしろいと思ったそうです。

実はAさんの彼氏も原作の漫画を何度も読み返すほどその作品のファンだということがわかったので、Aさんは彼氏に公開が迫っていた3作目となる続編映画を一緒に観に行こうと、強く何度も誘いました。

まだ1作目しか観ていなかったAさんは「2作目も観ておくから」とも伝えたのですが、それでも彼氏はAさんとは行かずに別の友人と観に行ったそうです。

Aさんは私への相談中に「なんで一緒に行ってくれなかったのかわからない」と言ったのですが、この時点でなぜ彼氏が彼女であるAさんの誘いを受けなかったのか読み取れていました。

本当にその作品が好きな彼氏の立場からすれば、最新作を観たらすぐに感想や原作との違いなどを語り合いたい。

しかしAさんは彼氏を誘った時点でまだ2作目を観ていなかったのです。

本当にその映画がおもしろくて好きだったら、すぐに2作目を観るか、少なくとも彼氏を誘う前後で観るのではないでしょうか。

私がAさんに「本当にその映画を観たかったの？」と聞いた時に返ってきた答えは、

「いや、**彼と**映画を観たかったんです」でした。

実際にＡさんは**私に相談している時点でも２作目・３作目を観ていなかった**ので、私は「だから彼は一緒に行きたくなかったんだよ」と伝えたのです。

Ａさんは他にも、彼の大好物がハンバーグであると聞いて、「今度作るね！」と言ったにもかかわらず、一度も作らなかったどころか、練習したりレシピを調べたりすることもなかったそうです。

彼とすれば「本当に自分との時間を大切に思っていたら、すぐに予定を立てて作ってくれる」と感じるでしょうし、「今度作るね！」と言われてなかなかその機会が訪れないことにモヤモヤしていた可能性もあります。

こういった言動の積み重ねを見ると、Ａさんは本当に彼のことを好きだったのか疑問を抱く読者の方もいらっしゃるのではないでしょうか。

実際にこの彼は別れた後「Ａちゃん俺のこと好きじゃないじゃん」と言っています。

「普段からこういう言動をする子なんだなぁ」「こういうことが相手の不信感を募らせているんだなぁ」というのは、**細かく文脈を読んでいかないとわからない**ことです。

そして相手が気にする人なのかしない人なのかなどを、タイプ分析の力も借りて分析しながら2人の歴史を読み解いていくと、2人の感情のすれ違いなどが手に取るように分かってくることがあるので涙が出ることがあるのです。

2人が過ごした時間、交わした会話にヒントや答えが隠されている

03

私も昔は恋愛下手だった！

ダメダメな行動をしまくっていた時代

――100回以上振られた彼と付き合えたのに!?

今でこそカウンセラーとして毎日のように恋愛相談を受けている私ですが、以前は恋愛がうまくいかない人間でした。

象徴的だったのは、100回振られた後7年ぶりに再会して付き合えた彼に、結局振られてしまった時の話です。

学生時代に想いを寄せていた先輩に、私は何度も何度も告白を繰り返しては振られ、その数なんと100回以上（告白と言えるのか怪しいものも含めて 笑）！

普通だったら諦めると思いますが、それぐらいその先輩が好きだったのです。
幸運なことに、7年後偶然その先輩と再会することができ、ほどなくしてなんとお付き合いすることができました。

何度も振られた彼と数年越しに再会して付き合うなんて、普通の交際よりも強固な絆ができそうだし、普通はラブラブでしばらくうまくいきそうですよね……。
実際すぐに同棲もし始めた（しかも彼が私の家に転がり込んできた）のですが、結局私は振られてしまったのです。

――「お前が俺のこと好きかどうかわかんない」

冒頭でも少し触れましたが当時の私は非常に**「回避型」**（＝好意を抱いた人と親密になること、深い関係になることを避けてしまう）の行動が強く出るタイプの人間でした。
これは3章で詳しく解説する愛着スタイルによるものですが、具体的に分かりやすい例を挙げると、
○お風呂に入る時に、浴室の鍵も脱衣所の鍵も閉めていた

○不満があっても伝えない
○イチャイチャするのも嫌がる
などです。


ある時彼に「今この世で信じている人って誰？」という質問をされました。

私はいたって真面目に「1位が◯◯で、2位が□□で……」と考え始め、彼の名前が出たのは4位。

今となっては「こんなん嘘でも1番目に彼の名前を出さないと」と思うのですが、当時は考えが及びませんでした。


そして最終的に振られた時に言われたのが、

「お前が俺のこと好きかどうかわかんない」でした。

他にもいろいろなエピソードがあるのですが、ここでは割愛します。

こんな私ですが、それ以降プロへの恋愛相談だったり、心理学の勉強だったりで自分を客観的に見つめ直すことができ、今でも回避型の傾向は少し残ってはいるもののかなり改善することができました。

――正しく反省できないと、次の恋愛にもつながらない

恋愛がうまくいかなかったときに「なんでダメだったんだろ」「なんで振られたんだろ」と振り返っても、**間違った反省をしてしまうと次も同じことを繰り返したり、余計悪い方向に向かってしまったりします。**

私は復縁相談をメインで受けていますが、**一番大事なことはご相談者様の人生が良くなることであって、復縁はその副産物**だと考えています。

だからこそ、徹底的に時間をかけてご相談者様と相手のことを分析することや、負けヒロイン体質を変えていくためにどれだけ真剣になれるかに重点を置いています。

それぐらい復縁は難しいことですし、そもそも相当絶望的な状況になってから私の元に来られる方も多いです。

そんななか、もちろん恋愛成就や復縁というゴールに対するコミットメントは強く

持っていますが、仮に結果が得られなかったとしても、ご相談者様の今後の人生において何か財産になるものを得ていってもらいたいという思いでこの仕事をしています。

前述の、私が38人のカウンセラーに恋愛相談をしたときに、全員に対して思ったわけでありませんが「時間とお金のムダだったな」とどうしても感じてしまう方が何人もいらっしゃいました。

今自分が相談を受ける立場になって、やはり当時の自分と同じ思いはしてほしくありません。

失恋という辛い経験を
今後に生かすか殺すかも
あなた次第

04 逆転・復活に自己改革が欠かせない理由

振られた側である以上は必要なこと

──振られた要因を特定するのは難しい

彼女側の言動によって彼氏が「愛されていない」と感じてしまっていたケースを紹介しましたが、実は振られた要因を突き止めるのは想像以上に難しいことが多いです。

カップルが別れ話になったとき（もしくは告白が失敗したとき）、相手が必ずしも理由をすべて話してくれるとは限らないからです。

そもそも相手が別れたいと思った理由が1つであることのほうが珍しいので、複数ある要因の中から言いやすいものを選んで伝えていることも多く、本当の要因は振られた側（＋カウンセラー）で特定しなければなりません。

そしてその要因が何であったとしても、解消しなければ相手に強い未練がない限りもう一度付き合うことはできないのです。

自分の言動に問題がある場合はそれを直していく必要がありますし、環境が問題なのであれば環境を変える必要があります。

自分の見た目の変化が理由であれば見た目を磨くことを頑張らないといけません。

――相手に問題があっても自分が変わるべき？

なお、明らかに相手側に何らかの問題があった場合でも、**「別れたい」と言っているのが相手で復縁したいのが自分の場合は、やはりそこに自己改革の必要性が生じてきてしまうのです。**

要因が遠距離や仕事など環境が問題の場合は変えられるのか、できるとしたらいつどのように変えることができるのかを具体的に考えていく必要があるでしょう。

ちなみに、振られる要因の中には自己改革ではどうにもできないものがあります。たとえば年齢、国籍、宗教などは変えようがなかったり変えにくかったりするので、相手がそれを理由に決めた場合は非常に難しい復縁活動となりますし、家族が絡んでくるとより複雑になっていきます。

なお性別が要因の場合、相手の考え方や自身でできることなどを考えていけば、年齢のような変更ができないものに比べると打開策があるかもしれません。

――相手との〃今の〃関係性を客観的に把握する

別れたということを自覚し、要因を突き止めて自己改革をすることを決めたら、次は**現在の相手と自分の関係性について考えていく**必要があります。

○まず、今会うことができる関係なのか
○会うことができるというのは個人的になのか、仕事など別の要素が関係あるのか
○会おうと提案したら快諾してもらえるのか、断られるのか
○会えるとしたら頻度はどのぐらいなのか

○相手から誘ってもらえるのか、自分から提案しないと会うことがないのか
○会えるとして、会った時に付き合っていた頃と異なる点、同じ点はどこなのか

これらを事実として把握することが必要です。

また、相手に新しく好きな人や恋人、パートナーがいるかどうかも関係性を考える上でもちろん大事な要素です。

相手が新しい人に対してどの程度本気なのか、なんとなく付き合い始めた人なのか。

これも**主観ではない客観的な情報を集める必要があります。**


本項でお話しした自己改革や情報収集については、2章以降で詳しくその方法をお伝えしていきますね。

客観的な情報を集めることが自己改革の第一歩

第2章

あなたが恋愛で失敗する深刻な理由

05

思い付きの行動をやめれば恋の失敗は減らせる

インプットの仕組みが狂うと人は間違える

――人が恋愛で後悔する仕組み

脳内科医の加藤俊徳先生によると、人間は、目や耳、その他の五感などから情報を頭の中に入れて自分の言動を選択するまでの間に、必ず6個のステップを踏むそうです（参考：『あなたの頭がもっと冴える！ 8つの脳タイプ』マガジンハウス刊）。

①脳に情報を入れる
②その情報を分析する
③理解して意義付けする
④その情報を記憶する
⑤優先順位を付けるなど配列する

⑥自分の言動を選択する

この6個のステップを進めることを**インプット**と私は呼んでいます。

自分にとって良くない言動をしてしまう、後悔する言動を行う時はこの6つのステップのうちどこかがおかしい時です。

どこか1カ所がおかしい時もありますし、6ステップ全部がおかしい時もあります。

――感情的な人はインプットを間違いやすい

インプットがおかしくなりやすいのは、**6ステップをすべて早回ししている時**です。

情報が頭に入ってきてから「その後どんな言動を取るか」の選択をかなりのスピードで行っている時で、すなわち〝何をするか決めるのが早い〟ということになります。

代表例は**衝動買い**です。

「このバッグかわいい！　買う！」

これは見た瞬間買うことを決めているのでかなり6ステップの進み方が早いです。

①脳に情報を入れる↓バッグが目に入る
②その情報を分析する↓フォルムや色などを分析
③理解して意義付けする↓かわいい、使いたい、欲しいバッグだと意義付け
④その情報を記憶する↓かわいくて使いたい欲しいバッグであると記憶
⑤優先順位を付けるなど配列する↓他に買いたい物や家にあるバッグなどを思い出し、金額を考えてこのバッグに対する優先順位をつける
⑥自分の言動を選択する↓買うことを選択

こうして衝動買いしたバッグがその後きちんと活躍するかはその人次第ですが、たとえば「持っている服に合わない」「利用シーンに合わない」「必要な物が入らない」「なんとなく」などの理由で全く出番がないままの人も多いのではないでしょうか？

つまり、情報を得てから何をするか選択するまでのスピードが早ければ早いほど、失敗する可能性も高くなるということなのです。

セールや通販で期間や時間制限があるのもこの仕組みを利用しています。

――時間をかけるとどんなメリットがあるのか

早い決断は失敗しやすいということをお伝えしましたが、つまり決断する時には時間をかければいいということです。

仕事ができる人は決断が早いと言われますが、それは早いうえに正しいから仕事ができると言われるのです。早いだけでは意味がありません。

時間をかけるというだけで、

○新しい情報を得る可能性がある

○新しい考え方になる可能性がある

○その場で思い浮かばなかったことに気づく

○曖昧な情報を調べて確認することができる

○気が変わる

などの要素が発生する余地が生まれるので、自分にとって良くない言動を抑えられる可能性が上がります。

バッグの衝動買いの例でお話しすると
○新しい情報を得る可能性がある→もっと良いバッグを見つけるかも
○新しい考え方になる可能性がある→私の普段の服装には合わないと気付くかも
○その場で思い浮かばなかったことに気付く→使うシーンがないことに気付くかも
○曖昧な情報を調べて確認することができる→サイズの確認や既存バッグとの比較
○気が変わる→なんとなくいらなくなるかも

このようなことが起こるかもしれません。
時間をかけて考えるデメリットは、時間に制約がある場合にその影響を受ける可能性があるという点で、バッグの例であれば「バッグが売り切れる」などが該当します。

衝動的に行動してしまう人は、
判断を間違いやすいので注意！

インプットの6ステップ

①脳にその情報を入れる
②その情報を分析する
③理解して意義付けする
④その情報を記憶する
⑤優先順位付けなど配列する
⑥自分の言動を選択する

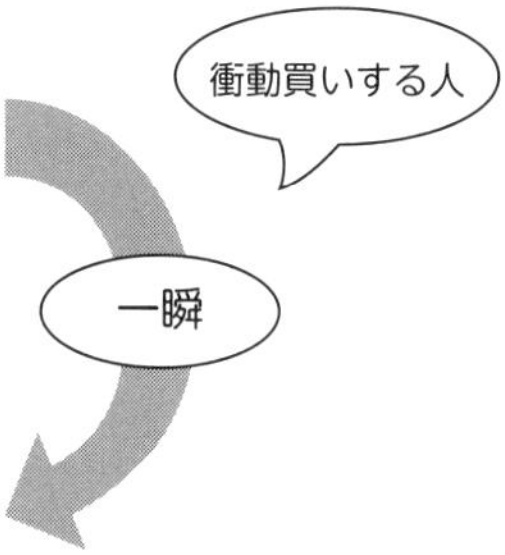

恋愛で失敗して後悔する人は……

6つのステップをすべて早回し
→どこか or すべてが狂ってしまう！

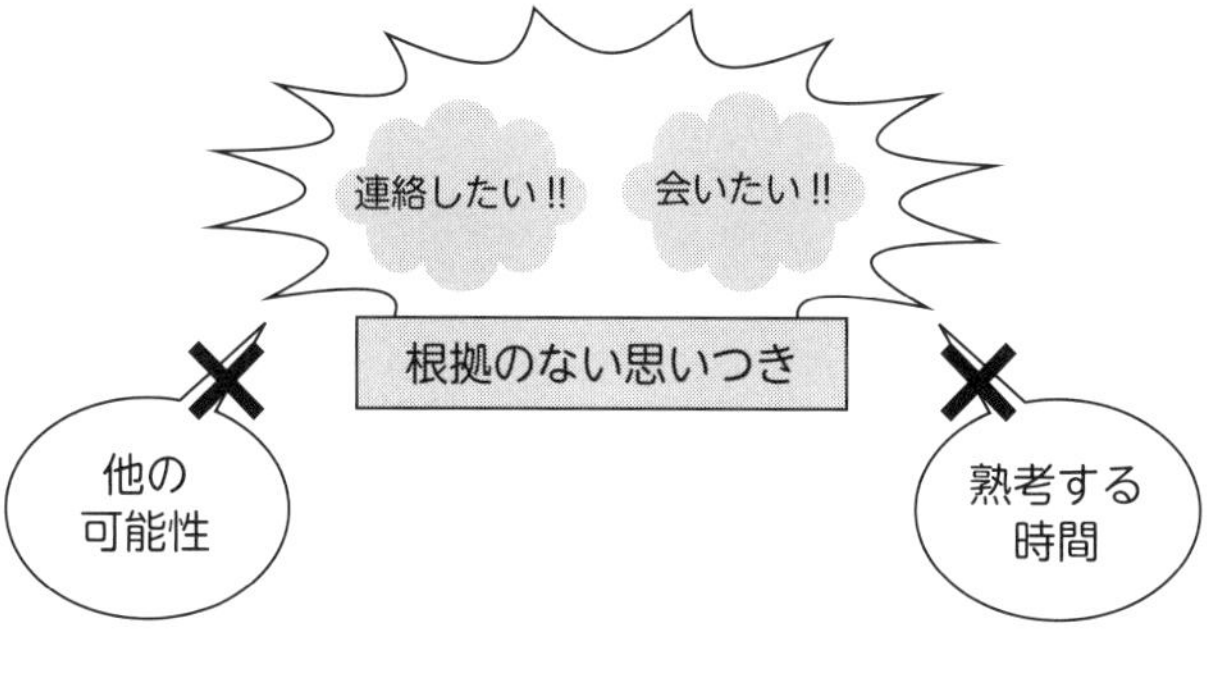

06 復縁活動中も、思い付きはNG

――根拠のない行動で痛い目を見ていませんか？

普段、恋愛や復縁活動中に自分がこの後何をするか、迷う間もなく決めることもいろいろあると思いますが、この仕組みは恋愛、復縁にとって重要です。

○連絡するかしないか
○どのように連絡をするか
○相手に苦言を呈するかどうか
○相手に何かしてあげる時
○大事な決断をしなくてはならない時

こういう時に**時間をかけずに自分の言動を決めると、失敗率が大幅に上がります。**

たとえば、復縁するために冷却期間を置いているけどなんとなく連絡したいと思ったから「よし、連絡してみよう！」「うん、連絡する気持ちは固まった」「連絡したいと今自分が思っているんだから連絡した方が良い」と考えて、**自分の言動を後押しするというのは全部根拠のない思い付き**です。

思い付いたその瞬間から6ステップを早回しして連絡することを決めています。

仮にこうやって思い付きで言動を決めたとしても、考えられるあらゆる可能性をきちんと冷静に事実ベースで検討して万全にし、それでもその言動をとるという結論に至るならまだいいでしょう。

ただし決断が早くてなおかつ正しい言動をとれる人というのはほんのひと握りの人なので、大抵の人は思い付いてから行動を選択するまでにきちんと考え切れていないと言えます。

「連絡する！」という気持ち一択で突き進んでいて、他の可能性がまったく頭に入ってない状態です。

もちろん世の中に絶対はないのでそれでうまくいく可能性もありますが、**非常に博打的な言動**だと言えます。

何の根拠もなしに自分の言動を決めようとしている人は、**明確な期限がない限りはできれば1週間はそれについて考え続けるようにしましょう。**

――即断即決する人は復縁相談も挫折する

実際、私に相談を依頼してくる方も「何カ月も前から先生のことは知っていました。何回も検討して勇気を出して依頼しました」という方が多く、そういう方は**相談も続きますし自己改革も順調に進むことが多い**です。

反対に「ココナラのランキングで1位だからお願いしました」というようなスピード感で決断する方は、依頼の時点で私に断られるか、相談を開始しない方向に誘導されています。相談を開始できたとしても途中で挫折することが多いです。

衝動的な人は即断即決する人が多く、**衝動的な人は〝その時〟〝その場〟〝その瞬間〟の自分の感情だけで動くので、先を見据えて考えることが苦手であるが故に瞬時に行動して失敗するのです。**

そして熱が冷めた瞬間どうでもよくなるので巻き込まれる側は大変なのです。

すぐに行動することで成功することもありますが、熟考すること、どちらの選択肢の優先順位が上かをよく考える必要があるので、そのためのお手伝いを私のようなカウンセラーやアドバイザーはしているのです。

待てないというのは損をすることが多いので、待つことの重要さを知っておきましょう。

復縁は長い道のり。
時間をとって
考えられるようになろう

07

方法を学ぶのではなく根拠を考えよう

恋愛も応用力が大事

――方法を知ろうとせず、応用できる考え方を知る

「15時になったら赤いボールを右から左に動かしてください」

という指示を受けたとしましょう。

多くの人は「15時になったら赤いボールを右から左に動かす」ということだけを覚えて、それをそのまま実行するようになります。

しかしここで「なんで赤いボールを右から左に動かすんだろう?」と思ってそれについて調べたり、質問したり、考えたりする人は、

○15時じゃなくても動かさないといけない時にボールを動かすことができる

○ボールが赤である理由が分かっていると、ケースバイケースで青いボールに変更

することができる

○左から右にボールを動かすこともできる

など、教えてもらったことからさまざまなケースに応用できるようになるのです。

これは**教えてもらったことそのものを学んでいるのではなく、その考え方を学んでいるからできるようになることです。**

――「なぜそうするのか」を考えれば、失敗は減らせる

では「考え方を学ぶ」ということを恋愛や復縁活動に置き換えてみましょう。

①相手から来たLINEにいつ返すか？

復縁したい相手から届いたLINEにすぐ返信するか、それとも1日置いてから返信するかなどに悩む人も多いでしょう。

それを恋愛カウンセラーに相談して「すぐに返信しないで24時間以上経ってから返信しましょう」と助言してもらったとします。

この時に「そうか、復縁したい相手への返信は24時間以上空ければいいのか」と考えてしまうと、どんな条件でも何が起きた時にも24時間空けて返信するようになってしまいます。

しかしここで「なんで24時間以上空けるのだろう？」と疑問を抱いた人がそれについて調べたり、質問したり、考えたりしたとしましょう。

考えた結果「彼は今仕事が非常に忙しく、恋愛の優先順位が低いことが分かっていて、ここまでの数回ＬＩＮＥをしても返信が来るのが毎回2日後だった。そんな彼のペースに合わせてあげることが今はベストだから24時間空けよう」という答えに行きついたとします。正しいかどうかはまた別ですが、しっかり考えたから出た答えです。

このように**「なぜそうしたほうが良いのか」について考えると、言動でのミスが減っていきます。**

彼に合わせて24時間以上ＬＩＮＥの返信を空けて返すようにしていた時に「やっと仕事の山場越えたよ～。今回は大変だった。酒飲みたいわ～」という

LINEが来たとしたら、返信を24時間以上空ける必要があると思いますか？

その必要はないということに気付くことができますね。

少なくとも「仕事の山場を越えたから飲みに行きたがっている」相手の気持ちとタイミングをキャッチし忘れるミスはしないで済みます。

②冷却期間は必要？

復縁活動における冷却期間も同様に考えることができます。

ネットで復縁について検索すると「冷却期間」「沈黙」という言葉が必ずと言っていいほど出てくると思います。

それを鵜呑みにしてしまうと「そうか、冷却期間を3カ月置けばいいんだ」とだけ考え、**冷却期間を置いてはいけない相手の場合にも時間を置いてしまい、復縁が遠のいてしまうことがあります。**

肝心なのは「なぜ冷却期間が必要（不要）なのか？」「3カ月なのはなぜか？」「もっと短くする必要はあるのか？」「自分たちには必要なのか？」という知識です。

冷却期間について詳しく分かっている人は「冷却期間は絶対必要」とも「冷却期間なんて絶対必要がない」とも断言できなくなると思います。

①にも②にも共通しているのが、**「それはなぜ必要なのか？」を自分で調べたり考えたりして考え方に辿り着いている人がとても少ない**ということです。

だから私たちのような恋愛カウンセラーやアドバイザーがいるわけです。

知識のないカウンセラーは「考え方」ではなく「方法」だけを教えているので、「それはなぜですか？」と質問しても大抵回答できません。

方法だけを教えるとその都度相談してもらえるので、相談してもらう側としては儲けになりやすいというのも実情でしょう。

常に「なぜ？」を考える
クセをつけないと臨機応変に
対応できなくなってしまう

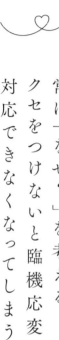

ヒロインになれる人

「なぜそうするのか」を考える

なんで24時間以上LINEを空けるんだろう？

相手の
ペース

今の恋愛の
優先順位

今の仕事の
忙しさ

負けヒロイン

「言われた通り」にやるだけ

LINEは24時間以上空ければいいのか！

〈例〉

やっと仕事の山場越えた！
飲みに行きたいわ～

20:46

↑

あえて待つ必要がない、すぐに相手の気持ちを
キャッチすべきLINEに対しても返信を空けてしまう

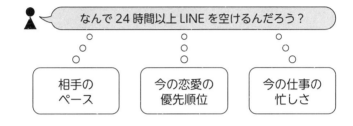

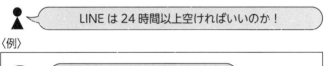

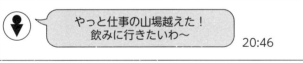

08

振られた相手に反省点を伝えるのは無意味？

やってしまいがちなNG行動

――反省を述べて復縁できる可能性はほぼゼロ

破局後せっかく元カレに会う機会があったのに、いい感じの雰囲気にならなかった、2度目につなげられなかったという経験をした方も多いのではないでしょうか。

久々に会えたときにやってしまいがちなのが「反省点を述べる」ことです。

「あの時ああすればよかった。今後はこうしたいと思ってる」

など、悪かった部分はちゃんと自覚・反省していて改善もするよ、ということを伝えて復縁してもらおうという意図が感じられます。

しかしこれでうまくいくことはほとんどありません。

想像してみましょう。**自分が別れたいと思って別れた相手と久々に会ったときに、相手から延々と反省点を述べられても聞きたくないですよね？**

振った側に未練がない限り、それで気持ちが揺れ動くことはないでしょう。

はっきり言って、そこには興味がないのです。

4章で詳しくお伝えしますが、元彼に会ったときに伝えるべきは「相手のテンションが上がること」です。

反省点を伝えて実感してもらうのはその後です。稀に別れた直後に反省点を述べたほうがいいシチュエーションもあるのですがめったにないとお考えください。

反省や分析が大事で、それをしっかり伝えて復縁につなげようというのは振られた側の論理であって、振った側は求めていません。

自分が振った相手から
反省点を聞かされても
ほとんどの人は興味がない

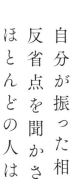

09

別れたという現実を正しく受け入れる

現実に起こる
変化から
目を逸らさない

——別れを自覚することから始めよう

相談を受けていると、**別れた記憶はあるけれど別れた自覚がないという方がとても多い**印象を持ちます。

別れる直前まで付き合っていたのですから当然ですが、別れたことを自分に起きている現実だと受け止めるには何を自覚すればいいのでしょうか。

まず付き合うということの定義を「この先の未来もあなた一人をプライベートのパートナーとして生きていく」とした場合、付き合っていないということは相手の未来を共有することができないということになります。

もしかしたら将来一緒に住むかもしれなかったとか、結婚するかもしれなかったとか、来年一緒にまた動物園に行こうとか、好きな映画の次回作も一緒に観ようなどという約束の効力は弱まっていきます。

未来の約束がパートナーとのみ行われるプライベートなことであればあるほど、そのことについて話すこともできなくなるわけです。

映画の次回作はもしかしたら一緒に観ることもできるかもしれませんが、一緒に住む未来については話すことさえ難しくなるでしょう。

そして未来のパートナーではなくなるということは、相手にも自分にも別のパートナーができることがありえることも理解しなくてはなりません。

付き合っていたらある程度の束縛も許されたかもしれませんが、それももう許されないのが付き合っていない状態ということです。

こう言うとキツく感じるかもしれませんが、**ここを自覚できていないと復縁活動を**

する中では感情的になりやすくなるのでとても大事です。

――日常の変化を受け入れる

相手との未来を共有するのが難しいという自覚ができると同時に、日常の変化についても受け入れていかなくてはなりません。

これは相手がどのような人なのかによって異なりますが、多くの場合毎日の連絡がなくなりますし、週に何回か、月に何回か会っていた約束もなくなります。**知らない間に聞いたことがない場所に、聞いたことがない友人と遊びに行っていても知らされなくて当然**ですし、相手が最近買った新しい家具のことも教えてはもらえないでしょう。

2人の関係性というのはカップルによって異なるので、皆さんの話を聞いていると1日に行われるLINEのやり取りが100往復以上のカップルもいれば、2～3往復というカップルもいます。

寝落ち電話で12時間以上電話を繋ぎっぱなしのカップルもいれば、電話なんてしたことがないカップルもいます。

ただ、日常が変わるということはカップルとして行っていたことができなくなるので、回数や内容に準じてやり取りしていた密度が高いほど喪失感が大きいでしょう。

そういった変化を受け入れないといけません。

お別れを告げた相手が優しい人だと、別れた後も同じような頻度で連絡を取り続けることもありますが、**だからといってそれが復縁しやすいケースとは限らない**のです。

もう付き合っていない
という状態を自覚し、
受け入れることが大事

10

現在地を正しく把握する

多くの人が誤認している相手との距離

——目的地（復縁成就）に辿り着くには正確な現在地が必要

この章でお伝えしていることをまとめて私は**「現在地」**と呼んでいます。**別れたということの自覚、現在の関係性について正しく自覚することは、復縁をするための第一歩**だと考えています。

地図アプリでも目的地を設定した後は現在地を表示してからルートの案内を開始しますよね？

現在地が不明のまま目的地への案内はできないはずです。

復縁も同様で、**復縁というゴールのためにはまず現在地を正確に自覚することが大事**なのです。

相手が自分を好きなまま別れたのか、もう好意がないから別れたのかなどを見誤る人が多く、それも現在地を間違えてしまう要因です。

以前はよく「脈はありますか？」という質問を受けていましたが、**好意のあるなしにかかわらず復縁というのは相手と別れている時点で脈があるかないかについては考えないほうがいいです。**

――自分が考える現在地が誤っている可能性

ご自分で大体こんな感じかな、と現在地について考えていたとして、それが実際は間違っていたとしましょう。

目的地が東京駅だったとして、自分では今横浜駅ぐらいにいると思っていたご相談者様の話を聞いた結果「今あなた稚内《わっかない》（※北海道最北端の市）にいますよ」とお伝えすることもありえます。

そういう時に「稚内ならもう無理だ」とか「いや、横浜駅にいるに違いない」と考えてしまう人ではなく、

「そうか、今稚内なら東京駅に行くにはまず飛行機に乗らないといけないから、空港に行かなくちゃ」と考えることができる人が復縁を進めることができるのです。

私が必ず正しいわけではもちろんありませんが、**現在地を見誤っていたり受け止めきれなかったり、自分の考える現在地に固執してしまうと目的地までの道のりがズレるので、辿り着きにくくなってしまいます。**

自分自身で考える現在地というのは主観的で感情が絡んでしまうため、そもそも間違えやすいです。むしろ間違っているほうが普通です。

なので、間違っていたからといって必要以上に落ち込まなくて大丈夫。

ショックを受けたとしてもそれを受け入れて、そこからどうしていくかを考えていきましょう。

自分で考える相手との距離は間違っているのが普通

11

出会い方で現在地は大きく変わる

現在の関係性への影響が最も高い要素

――現代の恋愛の始まり方は多種多様

現在地の中でも特に2人の関係性に大きく影響するのが出会い方です。

別れの要因などにも関係してくることですが、現在の関係性への影響が最も高い要素のひとつです。

同じ会社内、知人からの紹介、同級生、趣味のつながり、マッチングアプリ、ネット上でのつながり、ゲーム仲間……など現代の恋愛の始まり方は多種多様です。

その出会い方が別れた後の関係性にも影響するわけです。

大ざっぱに分ければ、直接のつながりかネットつながりかでも異なります。

特殊な状況を除いて、復縁するためには相手と連絡が取れることや会えること、相手の情報を入手できることが必要になってきますが、連絡や情報が取りやすい出会い方や会いやすい出会い方もあれば当然その逆もあるので、現在地を把握するためには考慮しなくてはなりません。

同じ会社

同じ会社に勤めているという場合でも、社内での距離はさまざまだと思います。支社が違うのでめったに会わない、支店違いだから集合研修などがあると会う可能性がある、同じ建物で働いているけど部署が違うので偶然にしか会わない、同じ部署なので毎日顔を合わせる、同じチームなので毎日コミュニケーションを取る、直属の上司や部下、同期で仲が良い……。

挙げたらパターンはキリがありませんが、会おうとすれば会うことは比較的容易な部類でしょう。

仮に相手にとって二度と会いたくないと思うような別れ方をしていても、社内で近い関係性の場合は無視するわけにはいかない点も、復縁にとってはプラスだと考えられます。

同級生、知人・友人からの紹介、趣味のつながり

知人・友人からの紹介や趣味を通じて交際を始めるカップルもかなり多いです。

お付き合いしていた時や別れた時に共通の知人・友人との関係に影響があると、相手と同時に関係が薄くなってしまうこともありますが、基本的に共通の知人・友人が入っていると変なことはしづらいので、完全な音信不通などにはなりにくいです。

同級生や趣味のつながりの場合、ほとんどの場合で共通の知人・友人がいると思うので、紹介されてお付き合いしたわけでなくとも同じように音信不通などにはなりにくいです。

同窓会や共通の知人がいる飲み会、趣味の大会やイベントなど相手との関係を無視

できない出来事が発生する可能性が高いからです。

同級生や周りの人たちとほぼ関係性が残っていない場合などは別かもしれません。同級生や同じ会社の人、趣味のつながりなど共通の知人・友人がいる場合の復縁には十分な注意が必要ですので、これについては223ページでさらに詳しく解説させていただきます。

マッチングアプリ

最近はマッチングアプリでの出会いがとても多く、実際相談を受けていても半分ぐらいのカップルはマッチングアプリ経由です。

恋愛の始め方として一般的になったと言えるでしょう。

マッチングアプリは普段の自分のコミュニティとは異なるタイプの人に出会えるというメリットがある反面、同級生や会社の同僚などと異なり、共通の知人・友人が一切いないということはメリットでもありデメリットでもあります。

なぜメリットになるのかは後ほどしっかり解説しますが、デメリットは共通の知人・友人がいないからこそ簡単に関係を遮断することができる点にあります。

音信不通になったり、連絡をだんだん減らしてフェードアウトしたりというのは、共通の知人・友人がほぼいない関係性だからこそしやすいですよね。

二度と会うこともない、共通の知人・友人がいないから誰かに気を使うこともない、そういう関係性であるからこそいい加減な対応をすることができてしまうのは復縁したい側から見ると大きなハードルになります。

ネット上でのつながり／ゲーム仲間

ゲーム仲間やネットを通じたつながりも最近では非常に増えています。

共通点はネットを利用して離れていてもコミュニケーションを取ることができるという点です。

場合によっては顔を出さずにコミュニケーションを取ることになるでしょう。

ネットを通じたつながりというのは主にSNSなどのコミュニティが多いと思いますが、オフ会やライブなどのイベントを通じて顔を合わせ、リア友へと変化していくことも多いので、その場合は趣味のつながりのカテゴリに入ると考えます。

復縁の視点から言えば、ネット上でのつながりやゲーム仲間というのは非常にメリットが多いです。

ゲーム仲間の場合は特にですが、別れた後もゲームでは仲間のままであることが比較的多く、以前と同様にオンラインでコミュニケーションが続くことが多いからです。

最近はゲームをしながらチャットや音声通話を複数の人と行うことも多いですが、オンラインで顔が見えなくてもコミュニケーションを取りながらゲームをするというのは、恋愛関係を終了させた後でも継続しやすい関係のようです。

もちろん人によりますが、他の関係性よりも連絡を取り続けている人が多いです。

特に遠距離の人はゲーム仲間だとそもそも関係性が安定しやすい上に復縁しやすい

というのは相談を受けていても感じますし、実際にご相談者様が復縁したことは何度もあります。

ただ、ネット上であっても共通の知人・友人（フォロワー・フレンド）がいることが多いので、やはり上手に周りとコミュニケーションを取る必要が生じます。

出会い方は現在地を考える上での大事な前提条件になる

12

復縁は準備が9割

実行する前の
準備で結果は
ほぼ決まっている

――準備は本番前の練習であり、作戦を練る時間である

「準備9割」という言葉をご存知ですか？

物事は準備で9割結果が決まる＝物事は準備が9割、実行が1割という意味です。


甲子園に出場している高校が野球の練習をしないわけがありません。

甲子園に出るために毎日厳しい練習をして、身体を鍛え、朝練もして、自主練もして、仲間と励まし合ってチームワークを作り勝ち上がっていくんですよね。

練習せずに勝てるわけがないことは、どんな屁理屈さんでも分かると思います。そこに当日の天気を含む環境やコンディション、運などが絡み結果が生まれます。

――インフルエンサーのポストに影響されるのは準備ではない

では、復縁をしたいと思っている皆さんは、自分が復縁をするに当たって準備ができていると思いますか？

毎日ネットサーフィンしながら「復縁　方法」と検索したり、X（旧Twitter）でフォロワーの多い人が投稿していることに「いいね」してその都度影響され、やることを変える、を繰り返していませんか？

その行動と高校球児の例は何が違うか分かりますか？

甲子園に行くための練習もピッチャーがバッティングの練習ばかりしていてもしょうがないですよね？

自分のポジションに合った練習で強みをより強く、弱みを減らすように練習します。

復縁の場合も相手と自分、そして2人の現状を理解した上で、本当にしなくてはならないことを準備しているかどうかで結果が大きく変わるのです。

先ほどお話しした「現在地」もここに関係してきます。
そもそも別れているという自覚がきちんとあるか?
相手を一旦のゴールとした時に、今自分がどの位置にいるのか?
復縁のための自己改革をゴールとした時に、今自分がどの位置にいるのか?
これも分かっていないと、準備が中途半端になってしまいます。

そして準備をしておくと、予想外の出来事にも対応できるようになります。
準備したことが頭に入っている状態なのであれば、たとえ予想外のことが起きたとしても、その準備に沿った最適解を出しやすいからです。

相手と自分の現状に適した準備を重ねることで、最適解を出せる

13

準備①　相手のこと、2人の歴史を深く知る

当事者だからこそ見落としがちなこと

――まずは相手のこと、バックグラウンドを深く理解する

では具体的に準備とは何をすればよいのかを見ていきましょう。

まず大切なのは、相手がどのような人なのかを「本当の意味で」知り、どんなバックグラウンドがあるか考察して深く理解し、その結果相手が求めていたことは何なのか？　何に不満を抱えていたのか？　を知ることです。

例えば相手が「忙しくてあまり会えなくなったから別れる」と言ったとします。

多くの人はこれを言葉通りに受け止めますが、その後ろに何かが潜む可能性はいく

つもあるので、**相手がどのようなタイプの人なのか、どういうシーンでどんな風に受け取りやすく、どのように考えやすいのか、それを加味してセリフについて考えることで本音を探りましょう。**

「忙しかったから別れた」のは「忙しくて仕事に集中したいから」なのか、「忙しくて仕事に集中したい時に連絡が来るとわずらわしいから」なのか、「あまり会えないと自分が寂しいから」なのか、「あまり会えないことで相手を悲しませたくないから」なのか、「あまり会えないことで相手にいつか見限られるのが嫌だから」なのか、考え出せばいくらでも出てくるのできりがありませんし、1つとは限りません。

しかしこの「相手を深く理解する」ということは、**長年相手と付き合っていたご相談者様であってもできていない方が多い**ので、復縁相談の中で私からの山ほどある質問には回答できないことも多いのです。

――２人の歴史を深く理解する

次に２人の歴史を理解することです。２人の歴史というのはつまり、カップルとして付き合う前から別れるまでに、２人で交わした会話、ＬＩＮＥ、共有した時間など関わりすべてのこと。

こう言うと、皆さんは当事者なので**「そんな事は自分が一番分かっている」と思ってしまいそうですが、実はそれが落とし穴なんです。**

むしろ**当事者だからこそ見えないこと、見えなくなっていることというのはとても多いです。**

何の気なしにやり取りしていたある日の会話がきっかけで相手が別れを考え始めるというのは「あるある」ですが、相手が別れる時に経緯をしっかり教えてくれるとは限りません。

別れの要因は１つじゃないことが多いので、その中で当たり障りがないシンプルな内容を伝えてくれることはあると思いますが、**ピンポイントで核心を話してくれる人**

はめったにいないとお考え下さい。

だからこそ、**これまでの自分たちの歴史をいかにきちんと客観的に辿れるかが重要です。**

一緒に過ごしてきた年数、思い出の種類や濃さ、乗り越えてきたものの数や大変さも関係します。

そしてそれが相手やご自身に与えた影響と、その結果得た価値、良くも悪くも変わったところを分析してみましょう。

特に**「付き合いたての時」と「別れた時」を同じように考えないことは大事です。**

相手も自分も、変わっています。

当事者だからこそ、見落としがちな2人の歴史に注意しよう

14

準備②　要因を突き止め、改善可能かを見極める

印象的な出来事ばかりにとらわれていないか？

――きっかけと一番の破局理由は別

相手を知り、2人の歴史をさかのぼって知り、どのようなバックグラウンドがあるか理解した後で「じゃあ、なんで私たちは別れてしまったんだろう？」を改めて考えていきましょう。

大喧嘩してそのまま「別れる！」と言われたら、**ほとんどの場合、大喧嘩はきっかけであったとしてもメインの理由であることは少ないです。**

大喧嘩したことよりも、その後うまくコンタクトを取れなかったこと、歩み寄れなかったことが要因であることが多いです。

格闘技でも、決定打となる大技が決まるのは小技によるダメージの蓄積があるからこそ。

しかし「やっぱりあの喧嘩がな〜」と、印象的だった出来事にとらわれて真の破局要因に目を向けられていない人が意外とたくさんいるのです。**ハイライトだけに目を奪われていてはいけません。**

2人の歴史にどんな波があったのか。自分の気持ちの浮き沈み、相手の気持ちの浮き沈み、環境や第三者の存在、相手が言えないけれど求めていたこと、長らく引きずっていることなどを考えて、**「本当の要因がどこなのか」を突き止めることが重要なのです。**

――同じに見える結果でも、背景によって復縁率は大違い

破局するきっかけが同じだったとしても、2人の歴史やバックグラウンドによって復縁率は大きく変わります。

たとえば、相手が自分をすごく好きでいてくれて長く交際が続いていたけれど、自分のしてしまったことがきっかけで別れることになってしまった場合。

相手が自分の何をどう好きでいてくれたかと、してしまったことが相手に与えた影響は人それぞれなので、してしまったことは**相手の傷の大きさや別れる気持ちの強さ、覚悟に影響してしまいます。**

自分が浮気をして振られたとしましょう。

○相手が自分の見た目や内面の明るいところをすごく好きでいてくれた場合

○相手が自分を尊敬し、絶対的に信頼してくれていた場合

この2つを比較すると、相手からのこれまでの信頼や尊敬などポジティブで揺ぎなかった印象を裏切っているので、後者の方が復縁のハードルが上がりやすいのです。

同じように見える結果でも、どのような人物が、どのような背景があって結果を起こしているかを考慮することが大変重要だということです。

決定打となる出来事が
起こるまでに、
真の要因が隠されている

15

準備③ 必要な自己改革を把握する

未来のために自分ができることは？

――「自分を知る」の深堀り＝自己改革

復縁は自分から別れを告げている場合を除くと、相手に「別れる」という決断をされてしまっている以上何かしらの「原因・要因」があります。

それが環境や相手自身の問題であれば仕方ないですが、多くの場合は別れを告げられてしまった側に原因や要因があります。

ということは、少なくともその原因や要因が解消していないと復縁できる可能性は低いですし、もし相手に強い未練があって復縁できたとしても、同じ理由でまた別れることになってしまいます。

なので、ご自身のことについてもきちんと知っておくことが重要です。
自分の知らなかった自分というのは、時に未来を明るくしてくれますし、時に自分にショックを与えますが、少なくとも自分に向き合う気持ちがある人のほうが、復縁という結果に辿り着きやすい傾向があります。

私は「自分を知る」を深掘りすることを**「自己改革」**と呼んでいます。
自分のことを素のままそのまま受け容れてほしいけれど、相手が不満に思った部分は見逃して復縁してほしい、というのはわがままです。
不満を解消できないから相手は別れを決断した、ということを忘れてはいけません。

しかし、この「自己改革」はなかなか難しく、ちょっとした脳のクセに対するトレーニングなども成果が見えにくく、コツコツやる必要があるものが多いので、本気で結果を求める人でないとモチベーションを保ちにくいのです。

もちろん脳のクセ以外にも他のトレーニングが必要な方には適宜それを案内してい

ますが、内面の自己改革については自分で考えても実際には何をすればよいのか具体的なことが分からないので悩む方が多いかもしれません。

脳のクセというワードを出しましたが、これについての解説や具体的な自己改革の方法は4章でお伝えします。

――戦略と戦術を練る

現在地とゴールを把握し、自己改革の計画までできたら復縁するまでの道のりを考えます。

相手への具体的なアクションです。

連絡をするとか会いに行くというような動のアクションが必要な場合もありますし、連絡しないでとにかく長期間待つという静のアクションが必要な場合もあります。

「動」か「静」かにかかわらず総じて言えることは、これまでの準備段階でお相手とご自身がどのような人間なのか、2人の歴史にどのようなことが起きていたか、本当の破局要因は何なのか、自己改革で何をすればいいのかということを理解していると、

イレギュラーへの対応もできるようになりますし、効果が高いアクションを選択できるようになるということです。

全体の戦略を練って、その上で具体的に相手に何をしていくか戦術を考えましょう。「今は何もしないほうが良いです」となる人もいますし「ＬＩＮＥを入れてみましょう」となる人も「ＬＩＮＥなんかしないで今すぐ家に行ってください」となる人もいれば「何回相手から連絡が来ても絶対出ないでＬＩＮＥも無視してください」となる人もいるので本当にさまざまです。

ちなみにこれらはすべて実際に私がご相談者様にアドバイスしたことがある内容で、全員が復縁を手にしています。

必要な自己改革が何かまで分かれば、その後起きる事態に臨機応変に対応できる

16 準備が9割……でも恋愛はナマモノ

一瞬にして状況が変わる、それが恋愛

――変化には敏感に、対応は慎重に

気合いを入れてアドバイス通りに実行していても、状況が変わると一瞬にして何もかも変わるのが恋愛です。

変化には敏感に、だけど慎重に対応しなくてはなりません。

このような**矛盾したグレーな感じが長期に渡って続くのも復縁活動の特徴**です。

時にはそれまでの積み重ねや相手へのアクションとはまったく違うやり方をしなくてはならないことも起きます。

「頻繁に連絡するのは禁止」というアドバイスを受けていたご相談者様でも、相手のテンションや連絡内容によっては即レスしてその話題を盛り上げないと（ここがナマモノ）悪いほうにいくこともありえます。

ものすごく慎重に長期間かけて戦略と戦術を立てたのに、ご相談者様が思いもよらない行動を相手にしてしまい（ここがナマモノ）、状況が悪化することもあります。

相手からの印象も変わってしまい、すべてゼロから考え直さなくてはならなくなった上、復縁のハードルも急激に上がってしまったという方もいます。

――復縁において「自分らしく」より大切なこと

昨今の世の中では「自分らしく」というスタンスが非常にスタンダードになってきていると感じています。

自分にとっての価値観や自分の能力、自分の〝こうしたい〟を尊重しましょうというものです。

もちろんこの考えには大賛成であり、人は自分が自分らしくあるために安心できる場所や相手、生活スタイルを探しているものだと考えています。

一方で、**復縁においてはこの「自分らしく」よりも、どれだけ泥臭く努力できるかが、シビアに求められます。**

現代的な価値観ではないかもしれませんが、非常に過酷な部活の練習を経てその結果できるようになることや、寝る間も惜しんで仕事に没頭した結果出した成果というのは、その人の〝進化＝成長〟の裏付けになっていると思わざるを得ません。

これは「もう無理、やめる」と諦めかけて、それでもやり切ってその結果得たものがある人にしか分からないことだと思っていて、それが分かる人が年々減っていると感じてしまいます。

私も今はとても自由に生きていますが、過酷すぎる環境で仕事をしていた時期があったので、その時を思い出すと今でも「絶対に戻りたくない」と思う一方で、得たものは相当多い上にそれがなければ今の自分はないし、この恋愛相談や復縁相談の価値も出せていないと感じています。

なぜこれを書いたかというと、つまり復縁するために頑張りたいと思うあなたは、自分が想定している頑張りを超える頑張りが必要でも頑張れますか？　ということを問いたかったからです。

そこまでするほどではない、と思う場合は結果がどうかは別として自分のできることの範囲でやればいいでしょう。無理に厳しい内容をこなさないとならないとは思っていません。

ただし私は、パワーが10の人にも80の人にも130の人にも「復縁のためにやらなきゃいけないのは100です」というスタンスで接し続けています。

本気で結果を求めるのであれば、相応のエネルギーが必要なことを覚悟しよう

現在地を正確に把握して、必要な準備を積み重ねよう

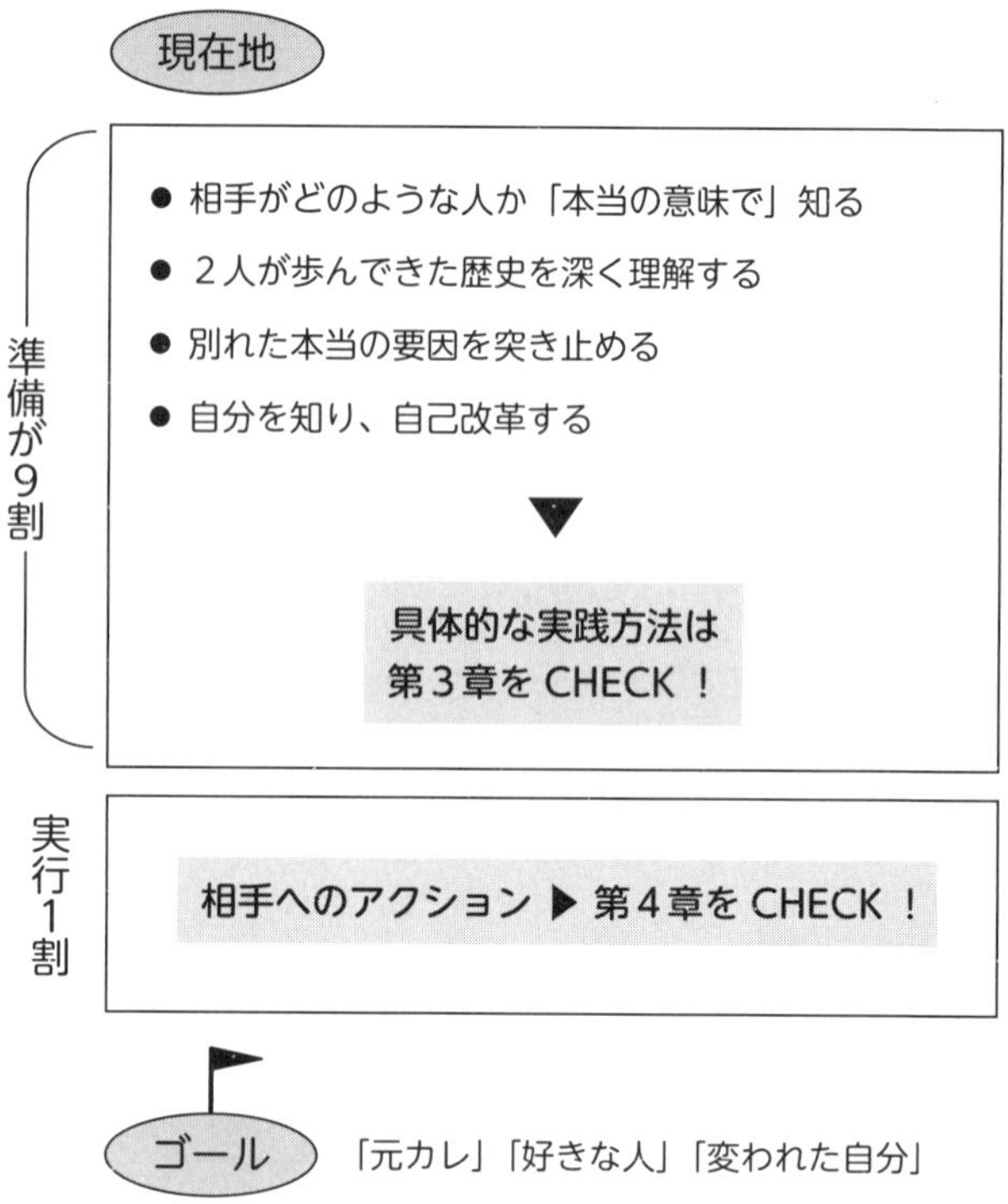
現在地
準備が9割
● 相手がどのような人か「本当の意味で」知る
● ２人が歩んできた歴史を深く理解する
● 別れた本当の要因を突き止める
● 自分を知り、自己改革する
具体的な実践方法は
第３章を CHECK ！
実行1割
相手へのアクション ▶ 第４章を CHECK ！
ゴール
「元カレ」「好きな人」「変われた自分」

第3章

恋愛分析の解像度が一気に上がる必修知識

17 彼とうまくいかなかった真の要因を導き出す方法

相手と自分のことを深く知るために

――別れ話を鵜呑みにしないほうが良い理由

前章で書いたように、相手と自分のことを理解した上で別れの要因を導き出す必要があります。

相手のことと自分のことを知る最大の目的は、別れの要因を特定すること、復縁後に安定して長く相手と一緒にいるため改善すべき点を明確にすることにあります。

前章でもお伝えしたように「自分たちのことは分かっている」とか「別れた要因は分かっている」と思われる人も多いと思いますが、**相談を受けていても本当の別れの要因をきちんと理解している人にはめったに出会いません。**

別れの理由が1つでないことが多く、それをすべて話してくれるお相手もめったにいないからです。

会社を辞める時に会社に本心を伝える人が少ないのに似ていますね。

――相手と自分の不可解な言動を集めよう

私が相談の途中でご相談者様にする質問の1つが**「相手のこと（自分のこと）を変わっているなと思った言動はありますか？」**というもの。

情報が山のようにあり過ぎて何をやればいいのか分からない時でも、**変わっているなと思う言動はヒントになりやすいです。**

変わっているというのは自分の基準でも世間の基準でも他者に言われたことがあるものでも構いません。

変わっているという前提で集めた言動には特徴が表れやすいので、その人の特徴として分析しやすいのです。

話していて面白いものが多く、ほとんどのご相談者様とは爆笑しながら話すことになります。それだけ面白い言動をする人が世の中にはたくさんいるということですね。

ここではその中でも特に私がびっくりした言動をピックアップしました。できるだけ本人を特定できないよう、本質を変えない程度に若干加筆修正しています。

ケース1

Bさんの彼氏はあるミュージシャンのファンで、今度ライブがあるので一緒に行くことになりました。

彼はとてもうれしそうにチケットを申し込み、当日を楽しみにしていたそうです。

そしてライブ当日、2人は一緒にライブ会場に入り席に着きました。

ついに音楽が流れ出しライブが始まったその瞬間、彼は「音がうるさい」と言ってそのまま席に座り寝始めてしまいました。

Bさんはびっくりしましたが、そのまま自分だけライブを楽しんだそうです。

結局彼はライブ中ずっと席で寝ていただけでした。

このケースでは、彼氏さんがライブに行ったのに結局うるさいと言って寝てしまっていたことがポイントです。

いくら音が大きいライブ会場でも、それは承知の上でチケットを購入したはずなので、かなり珍しい行動ですよね。

ここから読み取れるのは、聴覚が敏感かつ神経質になってしまうということです。さらに、多少嫌でも我慢するという選択をせずに寝てしまっているので、**自分にとって嫌だと思ったら我慢せずにそれを拒否するということも読み取れます。**

彼が他にも神経質に感じることがあるのかは不明ですが、そういったものがある場合に**我慢することは苦痛である可能性が高いことが推察できる**のです（あくまでも絶対ではなく可能性が高い）。

ケース2

読書が好きなCさんは高校生の時から太宰治に魅了され、寝ても覚めても太宰を読む日々だったそうです。

Cさんは高校生だった時のある日、通学中に自転車に乗りながらまで太宰の本を読んでいて事故に遭ってしまいました。
幸い無事だったから今があるわけですが、好きなものに没頭すると周囲の声や音が聞こえなくなってしまうそうです。

このケースでは、Cさんが自転車に乗りながら読書に集中し過ぎてしまって事故に遭っているのがポイントです。

好きなこと、夢中になることを見つけたらどんな時にでも夢中になってい続けたいという強い気持ちや、自転車に乗りながら本を読むという危険な行動をしてしまうほど周りが見えなくなっている状態であることが分かります。

また、事故に遭うような状態でも周りを見たり音を聞いたりして事故を回避することもできないほど集中しているので、過集中状態だったのではないかと推察します。

このような人は熱中するものを見つけると同じような状態になりやすくなるので、たとえば**恋人を放っておいて何日も自分が熱中することをやってしまう、などの特徴が考えられるのです。**

熱中するものは趣味から仕事まで、その人によってさまざまです。

ケース3

Dさんと彼氏が付き合い始めてまだ1カ月の頃、ランチを食べるために目当てのお店に行くと、混んでいて並んでいたそうです。

彼はウェイティングボードに近寄ると、そこに本名とは異なる偽名を書きました。

Dさんはそれを見て驚いたのですが、彼はふざけている様子もなかったので不思議な気持ちになったそうです。


このケースは、彼氏さんがウェイティングボードに偽名を書いたことがポイントです。

Dさんはもちろん彼の本名を知っているので偽名だと分かるわけですが、なぜ偽名を使ったのか？

考えられるなかで最も可能性が高いのは**警戒心の強さ**で、誰でも見ることができるウェイティングボードに自分の本名を書くことを警戒したのだと推察できます。

このような**警戒心が高い人は、誰かを信用するのに時間を要することが多いので、**

心を開いてもらうまでに時間を使う必要があると考えられます。

恋愛で関係性を深めていくのに慎重さが必要な相手かもしれません。

ケース4

Eさんと彼氏はとても仲が良いカップルで、普段から頻繁にLINEなどでやり取りしていました。

送信すると数分で返事が来るというやり取りを朝から晩まで繰り返し、予定がない日は通話を繋ぎっぱなしにして、寝落ち通話になるほどだったと言います。

しかしある日、Eさんが彼にLINEを送ったところ、何時間経っても返信どころか既読もつきません。

不安になったEさんは再度LINEを送りますが、それでも音沙汰がありません。

Eさんはさらに心配になり、その後1時間の間にLINEを10通、電話での着信を20回入れましたが、結局のところ彼のスマホが故障してしまい交換をしていただけだったことが後に判明したのでした。

スマホが復活した時にあまりにも多くのメッセージと着信が残っているのを見て、

彼は大変驚いていたそうです。

このケースはたった一度彼と数時間連絡が取れなくなっただけで、かなりの頻度で追いＬＩＮＥをしてしまったり電話をかけてしまったりしているＥさんの行動がポイントです。

これには後述する愛着スタイルというものが関わってきます。好きな人に対してどのような言動を取りやすいかがタイプによって異なるというもので、恋愛関係や復縁について考える時に非常に有効な判断基準となるものです。

Ｅさんは相手との関係のベースが〝不安〟でできているタイプだと考えられるので、少しでも不安になってしまうとその不安を払拭するためにＬＩＮＥをしたり電話をしたりということを何度でもしてしまうのです。

変わっているエピソードから
さまざまなヒントを
読み取ることができる

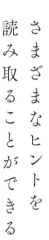

18

相手分析に欠かせない「愛着スタイル」とは？

思い込みの排除にも有効

――相手分析のために押さえておきたい4パターン

愛着スタイルとは1951年に精神科医・精神分析学者のジョン・ボウルビィが確立した、人と人との親密さを表現しようとする行動についての理論です。

その後、1960年代にボウルビィと同じチームで研究を行っていたメアリー・エインスワースによって愛着行動は数種類にパターン化されているということが発見され、1980年代には元々子どもに対する理論だったものが大人へも拡大しています。

昨今ではこの愛着のパターン化を恋愛に取り入れた書籍も多く出版されており、それを参考になさる人もいるかと思います。

愛着のパターンは好きな人に対する言動の傾向と重なることから、私も恋愛において見過ごせない内容で大変参考になるものだと考えており、愛着行動のパターンのことを「**愛着スタイル**」と呼んでいます。

ただし愛着スタイルは血液型のように検査すると結果が出るようなものではなく、**多くの人が複数の愛着スタイルをグラデーションのように併せ持っている**ものなので、あくまでも傾向として受け止めるのがとても大事です。

しかし恋愛や復縁は理不尽なので、**いくら相手の気持ちを完全に読むことは不可能でも、少しでも成就の可能性を上げるために思い込みを排除し、傾向を考慮しながら相手や自身を分析していきましょうというが私のポリシーです。**

愛着スタイルは厳密に言うと5パターンあるのですが、その中でも多くの人が持ち合わせている可能性が高いものを4つ簡単に紹介していこうと思います。

安定型愛着スタイル

その名の通り、**相手との関係性を安定して継続できるタイプ**です。

人間の中の50％は安定していると言われています。

自分は自分、人は人と切り分けて考えることができ、**自分には愛される価値があるということをよく理解しています。**

このため、恋愛でも過度に相手に依存することも相手からの過剰な愛情表現を求めることもなく、意見が異なる時には話し合いで解決することができます。

恋人と別れた時には悲しい気持ちなどを乗り越えた後に新たな恋人を探すため、前を向く傾向が高いです。

自分には愛される価値があると分かっているので、過去の恋人に対して「この人と別れたら二度と自分には恋人ができない」と考えたりせず、新たな人に目を向けることができるのです。

一度付き合い始めると長く続く傾向にあるため、一部では恋愛市場や婚活市場に安定型愛着スタイルの人は多くないと言われています。

不安型愛着スタイル

人との関係性、**特に好きな人との関係性のベースが不安でできているため、相手との絆を強くすることを重視し過ぎてしまい**、過度に相手に依存する傾向があります。

そのため、相手の情報をすべて把握していたい、自分のこともすべて知ってほしいという思いが強すぎる人も多く、俗に**メンヘラと呼ばれる方々は不安型愛着スタイルの傾向を少なからず持ち合わせている可能性が高い**と言えます。

強い不安や悲しみなどの感情は怒りに変化するので（怒りは第二感情と呼ばれています）、**自分の不安が強くなるとそれが怒りに転換されて怒鳴ってしまう**など、酷い場合相手に暴力をふるうこともあります。

支配欲にもつながりやすく、過度な束縛なども特徴であると考えられます。

心の根っこにあるのは強い不安なので、不安を解消するためであれば自分へも相手へも攻撃することがあるのが不安型愛着スタイルの傾向がある人です。

恋人と別れた時に、別れ話をされてもすんなり受け入れられないのも特徴です。

何度もすがって大泣き、大暴れしたり、何度も電話をかけてきたり長文ＬＩＮＥを送ってきたりすることもありえます。

不安型の人は自分から別れを告げる人も多いのですが、よほど強い動機がない場合はその多くが**「試し行動」**であるため、別れを告げられた相手がそれを受け入れてしまうと「本当は別れたくない」とすがり始めることもあります。

ただし、先述した通り根っこにあるのは「不安」であり、その瞬間の不安を解消することが最優先のため、恋人が戻ってこないと感じると他の人で不安を解消しようとし始める傾向もあります。

ゆえに新しい恋人を探し始めるのは全タイプの中でも比較的早い方で、新しく好きな人ができるとこれまでの相手に見向きもしなくなるのも分かりやすい傾向です。

最初に申し上げた通り、愛着スタイルはグラデーションなので、これはあくまでも純度の高い不安型の人の場合です。

安定型の傾向を強く持っている上で不安型の傾向もそれなりに持っている人の場合、2つの特徴が少しずつ混ざり合って出てくるようになるということです。

たとえば普段は非常に安定していて喧嘩することもないけど、想定していない不安を感じると相手にすがってしまったり、相手を攻撃してしまったりするなど……。

大事なのは、**どの愛着スタイルであっても白か黒かで考えない**ことです。

私は後述する「脳タイプ」傾向も併せて考慮するため、さらに特徴は薄まっていきます。

回避型愛着スタイル

先ほどまで説明していた不安型と正反対の特徴を持っているのが回避型愛着スタイルです。

人との絆を強くすることを避けようとします。

人と関係性が近づくと距離を置こうとし、時には物理的な距離も必要な場合もあり、人と同じ空間にいても一緒にいることも一緒に寝ることもできないという人もいます。

良く言えば自立心が強く人に頼らずに自分で何でもこなす傾向があります。

何でも一人でやってきたのでそうなってしまったという人もいらっしゃるかもしれません。一人で何でもやろうとするので、相談も人にしないという特徴があります。

これは持論ですが、回避型愛着スタイルにも2パターン存在すると考えています。

私はこれを**回避型ドライ**、**回避型ウェット**と呼んでいます。

回避型ドライの人は、一般的に愛着の研究などでも回避型と呼ばれている人の特徴に概ねすべて当てはまる傾向を持っている人で、**人との距離の近さを面倒だと思っている人が多い**です。

好きになった人を好きではありますが、それでも心理的にも物理的にも近付き過ぎると離れていくことが多いです。

比較的人との関わりを損得で考えることも多いので、一緒にいてメリットがあると感じると付き合ったり結婚したりしますが、メリットを感じないと必要以上に近づきません。

回避型ウェットの人はドライの人と違い、**絆を持てるなら持ちたいと思っているものの、自分には現実的に起こるわけがないと諦めてしまっている**傾向があります。

そのため、人との距離が近づくとうれしく思うと同時に、**いつか自分から離れていってしまうことに恐怖を感じ、自分が傷つくのを恐れて回避行動を取ってしまいます。**

このタイプの人は自分で自分の本心をしっかり理解していない人も大変多いので、実は心の底では人と深いつながりを欲しいと思っていても自覚していない可能性が他のタイプの人よりも高いと感じています。

回避型の人が恋人と別れた時には、どのような経緯で別れることになったかによっても異なりますが、**サッパリ連絡を絶つことが多い**です。

別れ話をきちんとしないで突然連絡が取れなくなったり、フェードアウトしていったり、ＬＩＮＥなどＳＮＳをブロックするような別れ方もありえるのが回避型傾向の強さに比例すると感じています。

回避型ドライの人はよほどのメリットを感じない限り連絡が再開する可能性は低く、気まぐれで連絡が取れて会うことができてもその後結局連絡が取れなくなったりブロックされたりもありえます。

ただし、それなりの期間（人によりますが半年〜1年以上）を経て連絡すると新鮮な気持ちで再会できることもあるので、そこで連絡を再開して会うことができた時にどのように会うかがカギになってきます。

久しぶりに連絡してもあまり良い反応がない場合は2〜3年間を空けるなどするしかなくなります。

回避型ウェットの人はブロックや連絡が途絶えた等ではない限り、別れた後も連絡を取り合うことも会うこともできる可能性があります。

ただしその間にどのようなやり取りをするかによって、結局連絡も続かず会うこともできなくなるということになるので、その点はドライの人と同じです。

別れたいと思っている理由によって大きく変わります。

ドライにもウェットにも共通するのは、新しい恋人ができると連絡が取りにくくなりやすい点です。

後述の脳タイプによっても変わりますが、よほど性に奔放なタイプでない限り、新しい恋人ができると元恋人には会う理由がなくなってしまうからです。

そのため、新しい恋人が相手にできるまでに友人としての関係性を確立しておくのも今後会い続ける手段の一つですが、友人になってしまうことによって恋愛に発展しにくくなるリスクもあるので慎重に検討する必要があります。

恐れ回避型愛着スタイル

先述した**不安型と回避型の両方を同じくらい強く持っている人を、恐れ回避型愛着スタイルと呼びます。**

全人類の3~5%と言われている、希少な愛着スタイルです。

正反対とも言える愛着スタイルを持ち合わせているので、**非常に繊細で傷つきやす**

いです。

人との絆を強く求め、相手のことを知りたいし自分のすべてを理解してほしいのに、傷つくことを恐れ過ぎてまったく正反対の言動を取ってしまいます。

「もう二度と会いたくない。嫌い」と言ったとしてもまったく本心ではありません。いつか自分の元から人は去っていくと思ってしまっているので、少しでも相手が自分の元から去ろうとしていると感じると（実際には思い違いであっても）、先に相手を避けるような言動を取り始めます。

恐れ回避型の人が別れると、回避型同様サッパリ連絡が取れなくなります。しかし本心で別れたかったのか、本当は別れたくなかったのか分かりづらいのが難点で、少なくとも表向きはほとんど違いがありません。

不安型の説明の時に「別れる」と言って試し行動をすることがあると書きましたが、恐れ回避型の人が別れると言った時は本当に別れるつもりで言っているので、相手が受け入れたら本当に別れてしまうからです。

心の中でどれだけ涙を流そうが悲しもうがそれを表に出さないで、傷ついていない風を装います。

そのため、**恐れ回避型の人と別れた時にはできるだけ早く連絡を取り、再会して気持ちを強く伝えることが必要**になってきます。

この強く伝える、という部分は重要です。

あまり時間を置き過ぎると、不安を払拭するために他の人を探し始めてしまうので、時間を置くことはおすすめしません。

——安易に相手を回避型と見なすべきでない理由

私が初めて愛着スタイルの事を恋愛に絡めてブログを書いた時、同じように愛着スタイルのことを記事にしていたのは数名だけでした。

それから4年経ち、今ではネットやSNSのいたるところに愛着スタイルの記事がまるで血液型占いかのように乱立しています。

愛着スタイルを勉強している方が書いているものよりも、本当に血液型占いのようになんとなくで書かれている記事やSNS投稿が多く、それを基に愛着スタイルについて語っている投稿も山ほど見かけるようになってしまいました。

特に、回避型愛着スタイルと回避依存症、そして回避性パーソナリティ障害がほぼ同じ意味として横並びで話されており、それぞれの違いなどを理解している人が非常に少なく、見かけるたびに憤りを感じます。

何故憤りを感じるかというと、多くの人が恋愛相手のことを回避型愛着スタイルであると誤って特定させてしまうことにつながっているからです。

たとえばＬＩＮＥのやり取りの返信が遅いとか、話し合いができないとか、そういう単発の特徴を自分の相手にあてはめ、「自分の相手は回避型」と思い込む人が多いという意味です。その思い込みは自分の恋愛を誤った方向に進める可能性があります。

ＬＩＮＥの返信が遅い理由は

○仕事が忙しいから

○気づいてなかったから

○スマホをどこかに忘れてきたから
○スマホの調子が悪いから
○返信内容を考えていたから
○返しにくい内容だから
○自分の考えを言語にするのが苦手だから
○連絡事項しかやり取りしたくないから
○あなたのことを好きじゃないから
○そもそもＬＩＮＥが好きじゃないから
○回避傾向を持っているから

など、パッと思い浮かぶだけでもこれだけあり、このすべてで事例をお話しすることが可能です。

それなのに、**他の可能性を考慮せずに相手を回避型愛着スタイルだと特定してしまうと、相手に対する接し方なども回避型愛着スタイルの人を前提とした接し方になってしまい、良い結果が訪れない**ということが起こるのです。

正直私は、どのような選択をし、何を行ったとしても結果的に自分の選択を正解にするのが人生の本質だと考えているため、そういう考え方ができるなら回避型を間違えるのも経験の1つだと考えています。

しかし、今ご自身が付き合いたいと思っている、復縁したいと思っている、そのお相手との結末は変わってしまう可能性があるので、よく考え、浅はかに見極めないようにしてほしいと感じています。

ご相談者様の中にも「他の復縁アドバイザーに相手は回避型だって言われました」と仰る方が多くてびっくりします。

そもそもお話を聞いていて相手だろうがご本人だろうが生粋の回避型はほぼおらず、基本的には複数の愛着スタイルを併せ持つものなのでそこを見失ってはいけません。

そして「回避依存症」というのはそもそも回避型愛着スタイルや回避性パーソナリティ障害と違い造語であり、存在する意味がない言葉だと感じています。

実際、**ご相談者様が「私の相手は回避型です！」と仰って相談を開始しても、本当に生粋の回避型だと私が考察をつけたことはほぼありません。**
恐れ回避型はもっといません。

相手が自分に興味がなかったり、遊び相手としてしか見てくれていなかったり、というちょっと悲しい関係性で、どうにかその相手と恋愛関係になりたいと試行錯誤している時にネットやSNSで回避型の記事ポストを見てしまったら、「相手は私に興味がないのではなく、回避型なんだ」と、**回避型という言葉に希望を見出してしまうのは地獄の入り口**と言えるでしょう。

仮にそこで山ほどネット記事や本を読んだとしても、それではおそらく解決しないわけです。

正しく相手を認識していない上に誤った接し方をしてしまうので、ネット記事やSNSのポストをさらに求めるようになるという負のループに陥っていくのです。

精神科医の先生でさえ、愛着スタイルについてはしっかり勉強している人とそうでない人がいらっしゃる上に、医師はほとんどの場合愛着スタイルを特定するような発言はしないと聞きます。

リスクが高い上にそもそも曖昧なものであり、そして何よりも特定する事に医師としては意味がないからだと私は考えています。

そのため、愛着スタイル関連の記事やSNS投稿などは真に受けすぎないようにしましょう。

人間は千差万別で一人ひとりが異なりますので、勝手に相手を1つの型に当てはめてしまわないようにするのが大切です。

分析に有用な愛着スタイルだが、早まった決めつけには注意

19

愛着スタイルで計れない部分を補う「脳タイプ」

日常的な言動の発信源

――脳タイプとは

恋愛相談を開始した頃、私が参考にしていたのは愛着スタイルだけでした。

しかし、愛着スタイルだけで考えているとうまくいかないことや矛盾することが多く、適切なアドバイスができていないと感じることもありました。

その時辿り着いたのが脳タイプという分類です。

愛着スタイルによる人への言動があくまでも愛着対象に対して行われるものだとしたら、そうではない日常的な言動の傾向を考慮しないと見誤るのではないか？　という疑問から辿り着いたものです。

脳タイプというのは普段その人がどのような言動を取りやすいかを考慮するものなので、さまざまな言動からつながりを想定していき、新たな情報を得た時にそれを根拠とするか、別の可能性として積み上げていくか精査していくものと考えます。

何度も申し上げているように人は千差万別ですので、タイプでひと括りにするのは誤解や思い込みにつながる危険なことだと考えていますが、それでも恋愛で思い悩み辛い日々を送っている人にとって少しでも辛い状態から脱出するきっかけになれればと考え、傾向を考慮するということを採り入れています。

人が千差万別であるなら、情報は多ければ多いほどいいですからね。

――左脳と右脳

私は脳タイプを『左脳』『右脳』に分け、さらに『左脳の上』や『右脳の下』、『右脳のクセ』『左脳のクセ』と表現することがあるのですが、これは実際にどちらかが働いているものだけを指しているのではなく、いくつかの項目を考慮したうえでまとめて左脳、右脳とラベリングしている概念的なものとお考えください。

○左脳↓左脳領域の言動＋具体的で論理的、言語的、内向的
○右脳↓右脳領域の言動＋全体的で抽象的、感覚・感情的、外交的

どちらかに0か100かで該当する人はほぼおらず、その間のどこかになるのは愛着スタイル同様です。

さまざまな情報をお聞きしたうえで、左脳右脳どちらに該当する言動かを状況や環境も考慮して精査していくようにしています。

それが恋愛や復縁に対してのその人の言動に直接つながることも多々あるので推察していくのです。

――必要なのは自分や相手の言動の特徴

ご相談者様に相談内容をお聞きしようとすると、多くの場合は相手が恋愛中にどのような約束をしたかとか、恋愛に対する価値観についてどのようなことを言っていたかとか、自分を大切にしてくれなかった話とか、**一見直接恋愛に関係がありそうな話**

を重視する方も多いのです。

まったく不要な情報というわけではないものの、**実は優先順位はそこまで高くありません。**

それよりも普段の言動でその人の特徴が分かるものが、脳タイプを考える時には有用な情報になります。

一人の時間を欲しがる人の例（左脳型）

「私の彼氏は同棲を始めたのに『自分の部屋が欲しい』と言います」

「その日は間違いなく休みで予定もないのに『一人になりたい』と言われます」

という報告をいただくことがよくあります。

一人になりたい人の多くは、自分との対話（内省）が必要な人です。

会社で何があった、友人に何を言われた、大きなニュースが社会の中で巻き起こっているなど、外から入る情報を自分の中で咀嚼《そしゃく》して整えるわけです。

言語化して考えているとは限らないので、何となく一人の時間を過ごしているだけでも自分の中で折り合いがついたり、自分の考え方がまとまったり……と進むわけですが、とにかくこれには時間がかかります。

つまり一人の時間が必要な人というのは、少なからず内向的な部分を持っている人ということになり、左脳的であると判断できます。

内向的な部分がある人、という書き方をしたように物事は0－100ではないので、内向的な部分の強さは人それぞれ。

一人になりたい度合いがその人にとってどれほど重要かは異なりますが、重要度が高い人を一人にさせてあげないと、そのうち爆発してしまって破局しかねないぐらい大事です。

そのため、**喧嘩などで揉めたときには十分な時間を与えてあげる必要がある**のです。

喧嘩した時に黙ってしまう人が黙る理由は複数あるのですが、そのうちの1つがここにあると考えています。

よく話が飛ぶ人の例（右脳型）

「私の彼は話がぽんぽん飛ぶんです。今Aの話をしてたよな、と思うともうBの話をしていて、結局Aの話に戻らないままなんの話をしてたんだっけ？　となることが多いんです」

という情報は分かりやすく特徴が出ているエピソードです。

話が飛ぶというのは頭の中が忙しい人に起こる特徴です。頭の中で常に何かを次々に絶えず考えているのです。

好奇心旺盛で興味関心が多岐にわたる人は、まさにAの話をしている最中にBのことを思い出したり、Bに関連するものが視界に入ったりということが起こると、その瞬間頭がBに切り替わってしまいます。

Aに話が戻らないこともAに話が戻ることもどちらもありえますが、一つひとつの話が行ったり来たりすることも多いです。

1つのことについてしっかり深く考えを進めていくわけではないので、話が飛ぶということから左脳的とは言えず、この特徴は右脳的なものと考えられます。

頭が次々に切り替わる根っこには、先述した「好奇心旺盛で興味関心が多岐にわたる」が関係することが多いので、この特徴がある人は外交的な人が多く、次々とマイブームが更新されることがありえます。

極端な話、3日前まで「今度のデートは映画に行こう」と言っていたのに、当日会ってみたら「動物園に行きたい」と言い出すこともあるわけです。

これはまだマシで、仕事で指示した内容が数日後に真逆になるというようなことも起こるので、職場の管理職にいると部下は大変な思いをすることになります。

それ以外にも言っていることが変わることが多いです。

大事な会話をしている時にAの話からBの話に飛んで困るなら、Aに話を戻す努力を相手がしてあげるほうが早いです。

特徴が強ければ強いほど自分で戻すのは難しいからです。

左脳の論理的な部分も持ち合わせている人だと、Bに飛んでも最終的に自分でA

に戻せる場合があります。

こだわりが強い人の例（左脳型）

「私の彼氏はあまりキレイ好きじゃありません。服は脱ぎっぱなしだし本棚の上も結構ホコリが乗ったままになっていることがあります。なのになぜかトイレとキッチンだけはものすごくキレイにしていて、少しでも汚れるとすぐ掃除するんです」

こういう人も結構多いです。

左脳型の特徴の1つに、範囲を特定してそのものごとについて深く考えるというものがあります。

つまり彼は「トイレ」とか「キッチン」に自分なりの考えや定義があり、トイレやキッチンに対して考えすぎな部分があるということになります。

それが強すぎると、心配しすぎて不安を払拭するための言動につながるわけです。

この「考えすぎ」は幅が広いです。ネットの情報に影響されたものから、「キッチンはキレイにしないとダメだよ」と子どもの頃から家庭で言われていた、実際に自分がキッチンを掃除しないで放置していた結果虫が湧いたという経験をしたことがある……など、さまざまなきっかけがある人もいれば、特に何の根拠もなくそう思っている人もいます。

思い込みが強すぎて視野が狭い状態になってしまうことが多いので、あまり人の話に耳を傾けてくれないことが多いです。

それをまとめて「こだわり」と呼ぶのですが、人が何に対してなぜこだわりを持つかはその人の世界観であることが多く、理由は分かりません。

人の思い込みやこだわりの強さというのは他人が思うよりも強いことが多いので、こだわっていることをこだわらせてあげないとその人はかなりのストレスを抱えます。

今回の例でいうと毎回彼女がトイレやキッチンを汚してキレイにしなかったり、彼がキレイにしていることに対して「そこまでやる必要はない」と言及したりすると、日頃の我慢が爆発する可能性が出てくるわけです。

そしてこういうなんらかのこだわりやその延長にある〝潔癖〟を持っている人は、**他にも種類の違うこだわりや心配を抱えていることが多いので、知らない間にそのこだわりを我慢させていると、これも破局要因になりやすい**のです。

感情的な言動を見せるが、すぐ態度が変わる人の例（右脳型）

「彼がめちゃくちゃ怒っていたんですが、次に会った時にはまったく怒っていなくてまるでもう忘れているかのようでした」

こういうこともあるでしょう。

これはちょっと極端な話ですが、何かがきっかけで怒鳴ったり泣いたりしていた恋人が、次の瞬間や数日後には何事もなかったかのようにニコニコしていたり、別人のような表情で謝ってきたりということは男女問わずあるのではないでしょうか？

これは感情的な人に起こりやすい現象です。

人には感情がいくつもあり、感情の強さもその時々で異なりますが、ポジティブな感情もネガティブな感情も強ければ強いほど人を動かす力を持っています。

その結果、感情で判断、決断、言動を取ってしまいやすいのです。

しかし感情というのはポジティブなものもネガティブなものも必ず下がっていくものなので、時間経過により落ち着いていきます。

感情が落ち着いた後は徐々に冷静に考えることができるようになるので、感情的になっている瞬間の言動と落ち着いてからの言動に矛盾が生じることが多いわけです。

友人と遊んでいる時にその場が楽しくてそのまま「また近いうちに遊ぼう」と約束したけど結局話が進まない人や、交際直後は「絶対結婚しよう」と言っていた彼氏が徐々に結婚の話をしなくなり、結婚するつもりがなさそうに見えてしまうのもこれ。

感情的なので右脳型らしいと言えますね。

前述した話が飛びやすい右脳型の人も概ね感情の強さを持ち合わせていることが多いので、よりいっそう言っていることが飛んだり変わったりするのです。

つまり、**感情的な人と付き合っている、感情的な人と復縁したいと考えている場合、**

相手がどのシーンでどのように強い感情を見せたか、強い感情に勢いで突き動かされて判断決断したことがあるか、今目の前にいる相手の言動にどの程度感情が絡んでいるかを見極める必要があります。

――愛着スタイルと併せて考察する

警戒心が強い人の例

「飲食店に入ったら混んでいました。待つためにウェイティングボードに彼が名前を書いたのですが、その名前が偽名でした」

愛着スタイルの項目でも紹介した例ですが、これはとても有益な情報です。ウェイティングボードに偽名を書く場合、主に考えられる動機は「ふざけて面白い名前で笑わせたい」か「自分の名前を知られたくない」のいずれかの確率が高いです。

笑わせたいかどうかはどんな名前を書いたかに加えてこれまでの彼の言動を思い出し、公共の場で人を笑わせたいと思うような人なのか、何より実際にその場で自分を含めて人が笑ったか、結果的に笑うことになったかを考えれば明らかです。

違う場合「名前を知られたくない」パターンですが、そうなるとまずは誰になぜ知られたくないのかを考える必要があります。

たとえば知人がたまたま近くにいて、しかもその人に名前を知られたくないという状況は稀なので、引っ掛かる情報がない限り本筋としてはこの可能性もなくなります。

そうなると「彼は周りにいる知らない人や店員さんに自分の名前を知られたくない人」という予想を立てられます。

警戒心が強いというのは心配しやすいということになるので、少ない可能性にとらわれてしまって別の可能性が頭に浮かびにくい、あるいは視野が狭くなって不安を感じやすくなる可能性があります。

これはその状況や場を彼なりに「定義」してしまっている状態で、定義が正しいかどうかはともかく定義＝具体化なので、左脳的な特徴ということになります。

「名前を知られたら、何かあった時に晒されるかもしれない」「もし後から知り合いが見て自分に気づいたら詮索されるかもしれない」など、このような種類の思い込みをしている可能性があるわけです。

心配しやすく警戒心が強いということは、誰かと仲良くなった時にも警戒する可能性が高いので、心を開いてもらい今以上に仲良くなる、深い関係になるとすると時間がかかるだろうと予測することができます。

どうすれば彼と今より仲良くなれるか考える時に「警戒心を解いてもらうことに注力しつつ、まずは信頼を得ていくことを優先しよう」と作戦を立てることができるのです。

相手の脳タイプに応じて、どう距離を縮めるか作戦を練ろう

分析の参考にして作戦を考えよう！

愛着スタイル

- 安定型
  - 関係性を安定して継続できる
  - 自分には愛される価値があると理解している
  - 新たな恋に向け、切り替えられる
- 不安型
  - 関係性が不安ベース（メンヘラ傾向）
  - 強い不安や悲しみが怒りに変化することも
  - 支配欲が出ることもあり、束縛が強くなりやすい
- 回避型
  - 人との絆を強くすることを避ける
  - ドライ　距離の近さを面倒だと思いがち
  - ウェット　自分が人と深い関係になれると信じられない
- 恐れ回避型
  - 不安型と回避型のハイブリッド
  - 繊細で傷つきやすく、傷つくことを恐れる
  - 絆を強く求めるが、正反対の言動をとる

脳タイプ

- 左脳型……具体的で論理的、言語的、内向的
- 右脳型……全体的で抽象的、感覚・感情的、外交的

20 これまでの言動をストーリーで振り返る

2人の歴史を深掘りする方法

――真の破局要因は「チリツモ」にアリ

振られる時に真の要因を伝えられることは非常に稀とお伝えしてきましたが、ここでは真の要因を特定するために重要なことをここからお伝えしていきます。

はっきり明確な理由が1つしかないケースもありますが、多くの場合は複数の要因が塵も積もれば山となる（＝チリツモ）で破局につながっています。

そしてチリツモは一見小さなことなので、自分で特定できないことも多いです。

どんな交際期間のカップルも「別れる」という結論が一度出ている以上、どこかに心理的な分岐点があるわけですが、その探し方をいくつかお伝えしていきます。

「愛着スタイル」と「脳タイプ」を考慮しながら検討することで、より相手と自身の問題に気付きやすくなります。

――特定しやすいチリツモ例①異性の友人が多い

永遠のテーマとも言われる**男女の友情**について、異性の友人の多さがチリツモにつながることがあります。

これを特定するコツは、**相手がそもそも男女の友情がアリだと思っているか思っていないか、別の考えを持っているのかなどを知っておくことです。**

いつこの話をするか、どういう話題の中で出てきたかで本心を話してくれるかなどの違いはありますが、相手の価値観を知っておくことがまずヒントになります。

そして日常会話の中で相手が異性の友人についてどう話しているかを聞くこと。

相手の異性の友人に対してもそうですが、あなたの異性の友人に対して何と言っているか見過ごさないようにしましょう。

それに関係しそうな行動もヒントになりやすいです。

価値観の話と普段の発言を比較すると、多くの場合普段の発言のほうが参考になりやすいです。

面と向かって「あなたにとってこれはどういう意味を持ちますか？」と聞かれたことよりも、**普段のやり取りの中でさり気なく出てきた発言のほうが本心である可能性が高く、会話の最後に出たさりげない発言はより本心である可能性が高まります。**

「あんまりそういうの（異性のいる飲み会など）行ってほしくないな」「本当に友人？」というように、異性の友人の話をした時に困っていたり疑っていたりする様子だったとか、異性の友人と遊んでいる時だけいつもと比較して連絡が多いなど、その頻度やタイミングを考慮して、どの程度強い気持ちなのかを推し量るわけです。

思い出した時、相手が異性の友人に対して苦言を呈していたとか、気にしている行動を見つけた場合は、あなたの異性の友人関係に思うところがあったと予想できますし、それで不満をチリツモさせていた可能性が出てくるのです。

次に、異性の友人に対する価値観についてどのように話していたかを思い出します。

男女の友情はないという趣旨の発言をしていた場合、日常会話での引っ掛かりの有無にかかわらずあなたの異性の友人がチリツモに関係していた可能性が出てきます。

男女の友情はあるという趣旨の話をしていた場合は、日常で気になる言動をしていなければ本当に気にしていない可能性が高まりますが、気になる言動があった場合は男女の友情があるという考えとは別にあなたの交友関係に気になる点があったか、そもそも本心では男女の友情はないと思っている可能性が高まるのです。

これは実際に私に起きたことですが、とある人と交際することになった時にその彼は男女の友情はあるという考えで私の交友関係にも理解を示してくれる人でした。

しかし、付き合う前から約束していた異性の友人との予定に対して、予定が終わった後で「これ俺だから許したけど、一般的にはダメだと思うからね」と言われて焦ったことがあります。

これはもうやっちゃいけないことだな、と思いました。

あるあるな例ですが、価値観についての会話も参考にした上で、日常会話やちょっとした相手の言動を見過ごさないようにしましょう。

ちなみにこれは恋愛対象となる性別の友人関係という意味ですので、同性カップルの間にも起こり得る問題です。

──特定しやすいチリツモ例②会いたがる

付き合っていればなるべく会いたいと思う気持ちがあるのは当然で、忙しくてもお互いの時間を調整して会おうとするのが一般的でしょう。

しかし、その頻度や長さが相手と全く同じ価値観だとは限らないことも理解しておかなければなりません。

忙しい人の中には多少の時間をつくることすら難しい人もいます。

忙しさの基準や知識は自分の経験や所属しているコミュニティで変わるので、自分の想像を超える忙しさの人が世の中にいる可能性を知っておく必要もあります。

忙しさが関係ない場合も、内向型で一人の時間が大切な人や多趣味で自分の時間が必要な人なども存在します。そこですれ違いが生じると不満を感じてしまい、会いたいという気持ちを頻繁に伝え過ぎてチリツモさせてしまうことがあります。

恋愛初期というのはお互いに感情が強い状態なので、無理をしても会う時間をつくる・我慢することがありますが、慣れてくると素の状態に戻ってくるので無理や我慢が辛くなっていきます。

他のコミュニケーションも含めてこういったことを「釣った魚に餌をやらない」と表現することはありますが、釣れた後だから興味が減ったというよりは時間経過で恋愛感情が落ち着いてくると考えたほうが正しいでしょう。

恋愛や復縁を語る時にあまり男性、女性という分け方はしたくないのですが、ある程度男性脳と女性脳に傾向があるのは事実なのでその前提で考えると、特に男性脳の人は恋愛感情が強い時であればあるほど相手を幸せにしたい、相手を喜ばせたいと考えるため、無理に時間をつくったり我慢したりという行動をします。

しかし感情は徐々に素に戻るため、会いたいという要求を伝えることはある程度は必要ですが、度が過ぎたり頻度が多かったり、せっかく会えても良い時間を過ごせなかったりするとどんどん相手に、またはお互いに不満がチリツモするわけです。

そこからさらに時間が経過すると、**無理してまで時間をつくるという本来はやりたくないことをしている自分に気づき我に返ることがあります。**

以前のような気持ちになれない自分の恋愛感情を疑ったり、相手の要求を叶えてあげたいと思えなくなったことで「自分では相手を幸せにはできない」と思い込み自信を失っていくのです。

過度に会いたいアピールを続けると、相手の自信を奪いかねないということです。

相手が普段はどのような頻度で会いたい人なのかや、仕事の忙しさについて知識をつけておくことも必要なのですが、会いたいという要求によって男性脳の相手が自信を失い破局につながるケースをこれまでにたくさん見てきました。

女性にも男性脳の人はそれなりにいるので、逆転しているカップルもいるでしょう。

片方だけの希望に合わせて一緒にいることは、いずれ破局につながりやすくなりますが、復縁活動が前提なのであればせめて復縁して関係性が安定するまでは、相手に合わせるようにすることをおすすめします。

――特定しやすいチリツモ例③誘っても来ない

カップルにはお互いの趣味を共有し、好きな映画や本を紹介し、できれば紹介されたものを試して好きになれたらいいなと考える人もたくさんいます。

同じもの・時間・感情をできるだけ共有したい、共感を得たいと思うのは、人が人と仲良くするために必要なステップの1つですからね。


しかし、何かの提案やお誘いを毎回断わっていたらどうでしょう。

断わるのには、なんだか興味が持てないとか、苦手なジャンルの内容だとか、なんとなく食わず嫌いとか、それぞれの理由があるはずです。

それでも人間が共感をもとに仲良くなることを考えると、断られ続けた人は「自分と仲良くなりたくないと思っていない」「自分のことを知りたいと思ってくれていない」と考え始めてしまうもので……。

日頃から好奇心を持って積極的に知らないことに取り組む人の場合は、相手の積極性のなさに価値観が合わないと考え始めることもあるでしょう。

趣味に限らず、身の回りの人を紹介すると言われた時に断わる場合も同じような心の距離ができてしまいがちです。

これが何度も続くと、今後一緒にいても同じ時間や感情を共有することが難しいだろうという未来を想像して、別れることを考え始める人もいるのです。

――特定しにくいチリツモ例①
気を使いすぎて深い関係になれなかった

これはほとんどの場合表に出てこない破局要因ですが、時々しっかりお相手から伝えられる方もいます。

前提として、人は人と深い関係を持ちたくなるようにできています。

私は深い関係を**「相手に何を言っても、何をしても大丈夫と思える安心感」**と定義しています。

実は人と深い関係になるためには技術が必要で、**「対象が誰であれ深い関係を構築できる技術」**と**「対象が深い関係を構築する技術を知っていればそれに対応して関係を深くしていくことができる技術」**の2種類があると考えています。

この技術を知っているかどうかは運で、これまで出会った人や経験で決まります。

深い関係を「相手に何を言っても、何をしても大丈夫と思える安心感」とするならば、**気を使うという行為はその妨げになります。**

関係性が安定して長く続いているカップルや夫婦の多くには、思いやりを持つ大切さはあっても気を使うということはほぼないでしょう。

どれだけ一緒にいても気を使い合って過ごしていると距離が縮まらないのです。

相手がこれを理由にお別れを考えてしまった場合、その相手は少なくとも深い関係を構築する技術のうちのどちらかを持っている可能性が高いです。

誰であっても深い関係を構築する技術が使える人であった場合、どれだけ頑張ってさまざまなことを試してみても暖簾《のれん》に腕押しで進まないと感じたら、その期間が長くなれば長くなるほどモヤモヤが積もります。

2人とも深い関係を構築する技術を知らない場合は2人とも気を使い合っていることに気付かないので、これが破局要因になる可能性は低いです。

では、気を使い過ぎて深い関係になれなかった、とは具体的にどのようなことを指すのでしょうか。

そのためには「気を使う」と「思いやりを持つ」の違いから説明する必要がありそうです。なお、気を使うと気遣いは違うので注意が必要です。気遣いは思いやりに近いものとお考えください。

気を使うことと思いやりというのはタイミングが違います。

何かが起きる前に相手やその場の状況に配慮して気遣う＝思いやり

彼氏とデートしていてお昼頃に「そろそろお昼の時間だけど、彼はお腹減ってないかな？　私はあんまりお腹減ってないけど彼は食事の時間を大事にしているし食べられないわけじゃないから提案してみようかな」と考えた上で彼氏に「そろそろお昼の時間だけどお腹空いてる？ ご飯食べに行く？」と聞く。

何かが起きてからその場の正解に合わせようとする＝気を使う

昼過ぎの時間になって彼氏がお腹を撫でる仕草をしていたり、ご飯屋さんを見つめたりしているのに気付いて、それで自分はお腹が減っていないのに「ご飯食べに行こうよ」と伝える

タイミング以外に、「**誰のためなのか**」の違いもありますね。

前者は自分がお腹は減ってないと自覚した上で、お昼ご飯を食べに行く提案をすることを自分で決めていて、

後者は相手がお腹を空かせていることを想像させる言動を取ったことで、その言動に合わせた正解を出すためにお昼ご飯に行く提案をしています。

前者は相手のため、後者は自分のための言動です。

こういう**「気を使う」という言動を相手にし続けると、深い関係を構築する技術を持っている人はある時気付いてしまうのです。**

「気を使われている？　本心じゃない？」ということに。

誰にでも深い関係を構築する技術を使える人は、自分から気を使わずに本音や本心を伝えられます。

何でも話してくれると相手がどういう人なのかが分かりますし、多くの人は「自分も話していいのかも」と気を使わずに話し始められます。

しかしどれだけ自分が本音で向き合っていろいろな話をしても、いつまでも本音でやり取りしてくれない人、本心を伝えてくれない人と長く一緒にいると、この先も一緒にいるのは難しいかもしれないと考え始めてしまうものです。

もちろん関係を深くしていく技術というのは何でも話すということがすべてだとは思いませんが、会話というのは分かりやすいコミュニケーションなので判断基準にしやすいです。

ご相談者様のＬＩＮＥのやり取りなどを見ても、優しく気を使った本音の少ないやり取りというのはよそよそしく、交際期間が1年以上経過していてもまるで出会ってまだ3日目のようなやり取りが続いているケースもあります。

もし自分と相手のＬＩＮＥなどのやり取りをさかのぼって確認してみて、**出会ってからずっと同じようなやり取り（文章量、文体、絵文字の有無・量、テンション）が続いている場合、気を使い過ぎている関係なのかもしれません。**

そして、相手が相手自身の話をたくさんしてくれていたのに、自分はあまり自分の話をしていないなと思ったら、その場合も関係性の深さが別れる要因の1つとなっていた可能性があります。

――特定しにくいチリツモ例②強いこだわり

「強いこだわり」はまったくない人もいるのですが、ある人にはいくつもあり、その強さもまちまちです。

他人には理解できないようなマイワールド的な謎のこだわりを持つ人もいます。

この強いこだわりは当然その強さに比例して「貫きたい」という希望も強くなり、最大級に強い人にとっては「絶対」になります。

たとえば、夕食後はコーヒーを飲んで30分ゆっくりしてからお風呂に30分かけて入り、出た後寝るまでの1時間は読書をするというルーティンの人がいたとしましょう。そのルーティンがかなり強いこだわりで「絶対」だったとすると、ルーティン通りにいかない状況というのは非常に大きなストレスになります。

男女にかかわらず、付き合い始めは良好な関係性を保つため初期は特に無理をしてでも相手に合わせがち。

そういう時期に比較的封印しやすいのがこの「強いこだわり」です。

「本当はこだわりたいけど今これ言ったら相手が嫌がるかな？」とか「このこだわりって自分だけだから相手には煩わしいかな？」というように。

誰が悪いというわけではないですが、**封印したまま関係が続くと本来はこだわりた**

いけどこだわらせてもらえないことでストレスがチリツモしていきます。

本当はこだわりたいと言えない本人の問題でもありつつ、**それを言わせてあげられない関係を構築をしてしまっている相手側の問題でもあります。**

これだけが直接の破局原因となることはあまり考えにくいのですが、こういったチリツモがあった上で価値観の違いや幻滅するような言動があったりすると、一気にそれがトリガーとなって破局につながるのです。

他方では、しっかり相手がこだわりを伝えているのにそれを許容してあげていないというケースもあります。

たとえば「本棚に並べてある本は作者順且つタイトル順にする」というこだわりを持っていたとして、自分が相手の家に行く度に本を読んでは元と別の位置に戻す、ということを繰り返していたらストレスを溜めることは想像に難くありません。

そして「これ順番決まってるからその通りに戻して」と相手に言われているのにそれを守らず、何度も何度も注意させるとただ何かを注意する時に比べて相手のフラストレーションは倍にもなり得るのです。

ゆえに、普段相手が何かをお願いしてきた、注意してきた、という内容はしっかり覚えておかなければなりません。

――特定しにくいチリツモ例③男性脳の自信が失われる

相手が男性脳の場合、その人にとって重要なことの1つが**「相手をいかにして自分の力で幸せにするか」**です。

彼らは自分の能力を仕事の結果で推し量る他に、**オスとして相手を幸せにする能力を持っているかというのを重視しています**（言語化して自覚していない人も多いと思いますが、多くの男性脳の人にこの特徴があると考えられます）。

ゆえにできるだけ交際相手の要求を叶えてあげようとする力が働くのです。

よく恋愛指南書やネットの恋愛記事などで、相手が男性なら定期的にお願いごとをしたほうがいいと言われている背景にはこれが関係しています。

加えて男性脳の多くには狩猟本能が備わっていると言われている通り、恋愛対象となる人に出会ってから恋人とするまで（＝手に入れるまで）は、手を変え品を変え頑張ってアプローチし続けます。

アプローチの方法や頻度、強度などは人それぞれですが、大なり小なり相手を手に入れるための努力をする人が多いです。


その中には相手の要求に応えるために自分の希望を後回しにするなど、我慢で目の前の相手を幸せにしようとすることも含まれます。

特に恋愛初期は感情も非常に昂《たかぶ》っているので、我慢もそれほど苦ではなく、それよりも目の前にいる相手がいかに楽しそうに幸せにしているかを重視するのです。

「自分の力で相手を幸せにしてあげている＝自分の能力が高い」と自己判断して満足しているのですね。


しかし多くの場合それは長続きしません。

人間はその場の環境や珍しいこと、魅力的な相手にも必ず慣れていくようにできているので、好意も落ち着いていくのです。

これは好きではなくなったということではなく、最も激しい状態から少しずつ落ち着いていくイメージです。

初期の激しい恋愛感情が落ち着いてくると、一生懸命頑張っていたことや頑張ろうと思っていた気持ち、我慢する気持ちも比例して薄れていくので頑張ることや我慢することが苦になってきます。

ＬＩＮＥをなるべく早めに返信する、長電話に付き合う、会う時にお洒落をする、良いお店を探して予約する……。

相手の希望を何とか叶えようとしていたことに対して「なんで自分がこれをずっとやらなきゃいけないんだ？」と考え始めるわけです。

ＬＩＮＥの返信が遅くなり、返信内容がそっけなくなり、会う頻度が減り、同じお店を何度も使うようになり、服装もおざなりに……。

いわゆる「釣った魚に餌をやらない」というのはこれが理由で起こります。

今までしてくれていたことをしてくれなくなると、今度は交際相手が不満を抱くようになり、不満が態度や言動に出ると、男性脳の人は葛藤し始めるのです。

「相手はこれを望んでいるけど、もうそれをやる気持ちになれないな」と。

以前頑張っていた記憶が消えたわけではないので、なんで自分が頑張れないのか分からなくなったり、頑張れない以前にそれ自体をやりたくないと思い始めます。


相手の希望を叶えられない自分、頑張れない自分を「そうか、自分はもう相手のことをそんなに好きじゃないんだな」と考え始めるのです。

もしくは、**頑張って相手の希望を叶える＝相手を幸せにしてあげられない自分には能力がないと考え、自信がなくなってしまいます。**

両方ということもありえるでしょう。


すると「もうそんなに好きじゃなくなっちゃったので」とか「付き合っていく自信がなくなった」とかそういう理由で別れようとしてしまうのです。

これは相手の言動が初期から変化した時に自分の要求を強く伝え続けてしまっているると起きやすい現象で、いつの間にかチリツモすることの1つです。

相手を幸せにする能力がないとか、相手をもう好きじゃないかもしれない、と考えていることを表に出すのは自分のメンツにかかわったり、その場の空気感が悪くなることを懸念したりで大抵の場合チリツモさせていることを表に出さないので、別れは突然であることが多いのが特徴です。

「強いこだわり」がここに絡んでくることもあります。

相手の希望を叶えるために自分の強いこだわりを我慢し続けていたのが、我慢できなくなったり我慢でストレスを溜め過ぎたりすると、相手を幸せにできないと自信を失ったり、もう相手を好きじゃないと思ってしまうパターンも多いにありえます。

これについては、自分が相手に要求や指摘をどれだけしていたか振り返ってみると気づけるかもしれません。

チリツモさせていたことを見つけて、相手の本心を解明しよう

21 ストーリーの分岐点を見つめ直す

タイプ分析、チリツモも併せて心境変化を探る

――接し方が変わったタイミングは？

次に、心理的な分岐点の見つけ方をお話ししていこうと思います。

最も分かりやすいのは相手が自分に対して接し方を変えたタイミング、自分が相手に対して接し方を変えたタイミングです。

これは悪い意味に限りません。

今までより深い話ができるようになった、敬語がタメ口になったなどポジティブなことも含まれます。

ネガティブなものでは
○ＬＩＮＥの返信が一時的にではなく恒常的に明らかに遅くなった

○誘われなくなった
○褒めてくれなくなった
○スキンシップが減った
などが挙げられます。


多くの人が心理的な分岐点と言うと喧嘩した時の話をすることが多いですが、必ずしも含まれるとは限りません。

喧嘩はその後の関係が悪化することも好転することもありますが、何も変わらないということもあるからです。

喧嘩のことを先に考えるよりも、お互いの接し方の変化を先にピックアップしたほうが早く答えに辿り着ける可能性を頭に入れておきましょう。

喧嘩や転職、同棲などの大きな動きがあったにもかかわらずお互いの接し方に変化がなかった場合は、心理的な分岐点とする必要はないです。

復縁のために分析をする場合は、ネガティブな変化だけに着目してその前に何が起きていたかを考え、分岐点としてください。

――ネガティブな心理的分岐点で何が起きていたか

分岐点自体を見つけたら、次になぜそこがネガティブな分岐点となってしまったかを探りましょう。

最も探しやすいのは分岐点の直前です。

直近のＬＩＮＥや会った日のやり取りを、セリフなども含めてよく思い出すことで特定できることがあります。


ただし、人は何かがあった直後即座に変化が現れるとは限らないので、その人のタイプや起きた出来事が何だったかを考慮する必要があります。

Ａの時点では発覚していなかったことがＢの時点で発覚しているとか、Ａの時点では気付いていなかったことにＢの時点では気付くとか、そういうこともありえるので時差の有無を検討することは重要です。

あまり物事を気にしない人やのんびりしている人、相手を信頼しきっている人と、警戒心が強い人、相手を信頼するのが難しい人では、何かあった時に〝気づく〟スピードも異なりますし、感情的で衝動的な部分が多い人であればある程度時間が経ってから冷静になって〝気付く〟ことがあり、これが時差を生じさせます。

分岐点の直前の出来事を詳細に思い出し、相手のタイプと照らし合わせて考えても何もネガティブな要素がない場合は、直前以外の出来事も考えてみましょう。

個人差と環境により違いはあると思いますが、概ね1カ月前ぐらいまでの間に分岐の要因がある可能性が高いです。

「脳タイプ」や「本人の価値観」、「チリツモ」、「本人のこだわり」など、あらゆる可能性を照らし合わせて考え、どこが要因なのかを突き止めます。

分岐点の直前〜1カ月前の間に、心境が変わった要因が隠されている

22

LINEの入れ方で心理を推察する

普段との差に着目する

――絵文字や返信速度から読み取れること

現代の恋愛において切っても切れないLINEなどのメッセージツールですが、そのやり取りの中でも相手が考えていることや引っ掛かっていることが分かる場合がありますので、参考になりそうなものを一部お伝えします。

絵文字の使い方

これはある程度観察眼がある人だと言われなくても分かっている人が多いと思いますが、絵文字の使い方や文体にはその人の心理やテンションが現れやすいです。

現れやすいというだけで絶対ではありません。これだけを信じすぎて余計なことを考え、マイナスを引き起こしてしまう可能性もあるのでほどほどにしましょう。

付き合い始めた時も平時も、いつも同じ絵文字しか使わないという人の場合、その人にとって絵文字は重要なポジションにはなく「絵文字を使ったほうが文章が柔らかくなるから」「絵文字を入れたほうが感じが良く見えるから」という知識のもと使っている可能性があります。

特に喧嘩後のような感情が激しく揺れている可能性がある時にもいつもとまったく同じ絵文字が使われるようであれば、その人にとって絵文字がいかに定型の1つであり本心にかかわらず使われるものかのかが分かると思います。

逆に決まった絵文字ではなく、うれしい時もケースバイケースで絵文字が異なるという人は、毎回きちんと心情に合った絵文字を選んでいる可能性が高いので、その時どんな絵文字を使っていたかをある程度参考にする必要があるでしょう。

絵文字を選ぶというのは些細なこととはいえ手間をかけているので、文章での感情表現をそれなりに重視している人であることは予測できます。

そのような人とのやり取りの場合は、どんな絵文字が使われているか、絵文字が使われなくなったのはどのような時なのか、同じような量と内容で絵文字を再度使う状態まで復活したのかどうかをチェックしてください。

絵文字をまったく使わない人は、その分ヒントが減ります。

さきほどお伝えした「2人のストーリーを振り返る」際に、相手とのメッセージのやり取りをさかのぼってチェックすると、感情や気持ちの変化、心理的分岐点に気付けるかもしれません。

返信速度

ネットの恋愛記事でも話題になりやすい返信速度についてですが、基準については

○本人の好みの速度

○環境（仕事、体調など）が影響する速度

があり、それがいつどのように入れ替わるかは分からないわけです。

仕事内容によっては常に環境に影響を受けながらのやり取りになり得るので、自分の常識ではなく正確に相手の仕事について理解することが必要になってきます。

常に忙しく、本人の好みの速度でやり取りするのがそもそも叶わないこともあれば、業界の繁忙期が関係することもあります。

本人が体調やメンタルを崩している時も環境が影響する可能性があります。

特にメンタルが関係する時には「仕事で失敗してちょっと落ち込んだ」という短い人で1日~2日程度のものから、抑うつ状態になってしまって数年かける必要があるものまで幅広いので、相手とのそれまでのコミュニケーションがヒントになります。

体調であろうとメンタルであろうと厳しい時にはメッセージのやり取りができなくなる人のほうが多いので、思いやりをもって接する必要があります。

家族や近しい人にトラブルが起きている時も同様に環境による返信速度の変化が考えられます。

――好みのメッセージ速度

本人の好みのメッセージ返信速度というのは往々にして本人が外向型か内向型かに左右されることが多いです。

たとえば、内向型で左脳派の特徴が強い人はメッセージのやり取りも一度頭と心で受け止め、考えながら処理する工程が必要なので回答を導き出すのに時間が必要です。返信内容を考え過ぎて数日経ったという例はいくつも聞きました。

外向型である右脳派の特徴が強い人は比較的返信速度が速い人が多いです。来たものをそのまま打ち返すイメージなのであまり考えないで返信することも多いかもしれません。

例外があるとしたら、恋愛初期のお互いにテンションが最も高い時期。

出会ってすぐ〜付き合い始めて数カ月までの時期はハイテンションなので、内向型・左脳派の人も返信速度が早くなりがちです。

恋愛感情は脳に快感物質を与えると言われているので、お互いに相手とのＬＩＮＥ、ＤＭ、電話などのテンションを上げてくれる行為は高頻度で繰り返したくなるのです。

これらを考慮し、いつのどのメッセージが、どのような環境で、どのような心理やテンションで交わされたものなのかを考察していくことが、２人のストーリーを理解する上で必要になってきます。
そうしてどこに心理の分岐点があるのかを見つけ出すのです。

――いつもと違うメッセージに着目する

いつもとメッセージの送り方が違う時には、何かがあった可能性を視野に入れてもいいでしょう。

いくつものトピックスを複数の吹き出しで毎日やり取りしているカップルがいたとして、その複数の吹き出しが1分前後の間に送られてくる場合、その場で考えて言語化して入力して返信するのが早い人ということになります。

いつもそういう速度で返信をしてくる人が、2つ目と3つ目の吹き出しの間が5分以上空いていたらそこに着目してみるのも有力ですね。

本当になんてことのない雑談の返信で間隔があったとして、何の可能性も思い当たらない場合は急に電話がかかってきたとか、トイレなどを含むちょっとした用事があっただけと推察できます。

しかし、真面目な会話中の返信や、問題提起をしてくるような内容、自分の要求や希望に対する返信という場合には、時間をかけて考えていた可能性が出てきます。

例えば「今度の日曜日水族館に行きたいな」というメッセージへの返信が「水族館いいね。行こう」だったものの、前の吹き出しから5分以上空いていて、その人にしては間隔が長かったのなら、もしかすると水族館に行くことに対して何か思うところがあったかもしれません。

行きたくないという単純な否定だけではなく、水族館に行くならどこがいいかなと考えていたとか、既に予約していたレストランの時間に間に合うのか考えていたとか、そういう可能性も含めてです。

どの可能性が高いかを、脳タイプやこれまでの2人のストーリーを見た時のヒントを踏まえて考察しましょう。

LINEの絵文字や返信速度だけでも相手の感情の変化を読み取ることができる

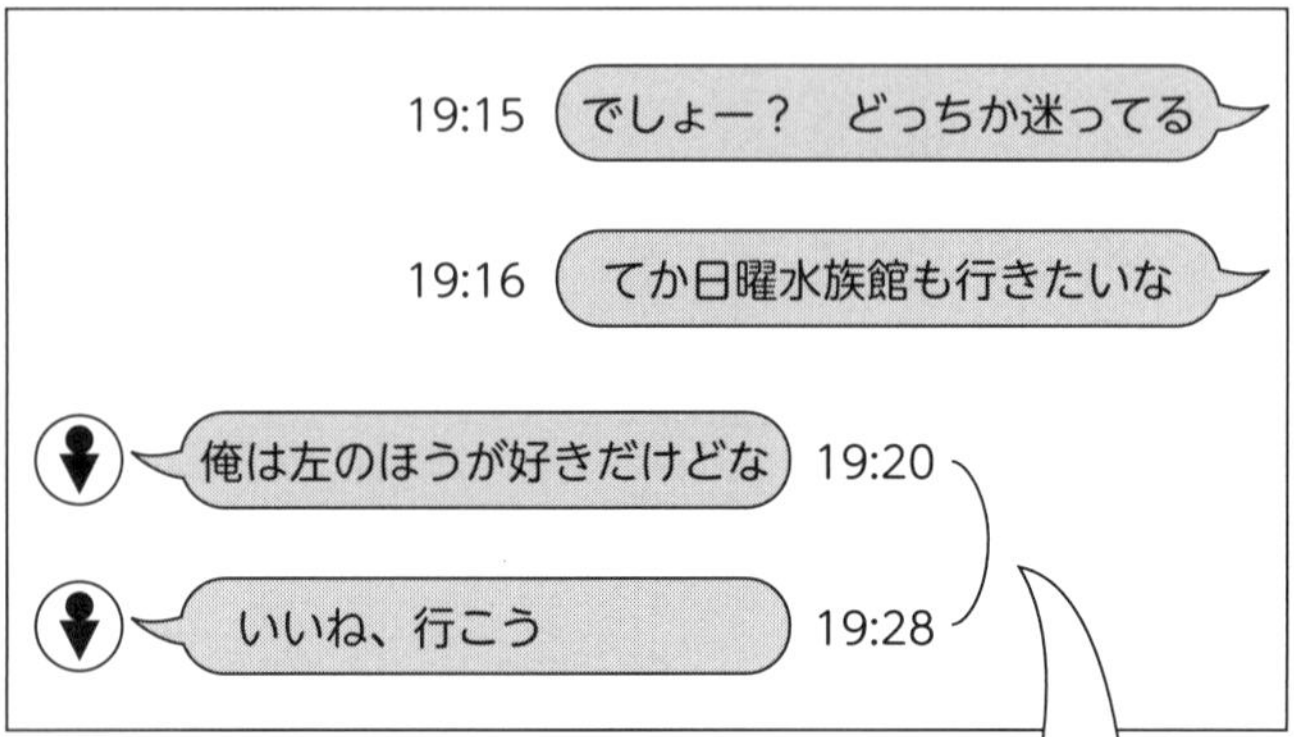

違和感のある間隔をどう捉えるか？

・本当は行きたくない？

・どの水族館がいいか考えていた？

・ディナーの予約に間に合うか考えていた？

▼

「脳タイプ」や「2人の歴史」も踏まえて考察する

普段のLINEの頻度や間隔よりも、
普段の頻度や間隔との「差」のほうが大事！

23

特殊な破局理由だったときの考え方

解決のハードルが高くなる要因

――現実的に変えることが難しい要因

特殊な理由というのは数が少ないという意味ではなく、2人が今後も一緒にいるために修正、改善していくことが難しいという意味です。

絶対に何もできないものも、何とかできるものも中にはありますが、他の要因と違って解決のハードルが高い要因です。

代表的な変えるのが難しい要因を挙げてみましょう。

年齢

年齢なんて最初から分かっていることだと思う人もいらっしゃるかもしれませんが、

人によっては相手の年齢をなんとなくしか覚えていない人、知っているけどいざ結婚を考えたら年齢が気になり始める人、本人も相手も年齢を気にしていないけど家族に反対される人など、年齢が理由で交際を終えた人を何人も見てきました。

国籍

本人同士の気持ちより、家族などの周りの人から反対されるケースが多いです。相談を受けていると、日本では比較的家族に反対されても交際や結婚を押し通す人が多いのですが、家族の反対は絶対というお国柄の方も中にはいるのです。

性別

これこそ最初から分かっていたでしょと思われるかもしれませんが、途中で性自認が変わる人や恋愛対象の性が変わる人もいますし、気づいていなかったという人、我慢して隠していたという人もいて難しい部分です。数は少ないですがこれも変えるのが難しい要因の1つです。

宗教

最後は宗教。本人だけなのか家族がなのか、家族も本人もなのかにもよりますが、家族も巻き込むことが多いのでやはりハードルが上がります。

外国人の方と交際している場合も宗教が関係することはありますが、あくまでも私のご相談者様からは外国人との交際や結婚で宗教が大きな破局理由になったケースはあまり聞いたことがありません（それ以前に文化や言語などが要因になりやすいという可能性も）。

宗教が強い要因となりやすいのはどちらかというと日本人同士の印象です。

以上の4点は要因の中でも解決が難しいものです。

絶対に無理ということではないですが、解決するのに時間や手間がかかり過ぎるため、2人ともに解決したいという強い意志がないと厳しいかもしれません。

――合わせるのが難しい要因

変えるのが難しい要因のほかに、一方がもう一方に合わせるのが難しく、その結果破局につながってしまうものもあります。

知力

日常会話から問題が起きた時の話し合いの内容まで、知力差があると話が噛み合わないことや、知力が高い側が時間をかけ噛み砕いて説明する必要が生じるので、交際期間が長くなったり結婚が視野に入ってきたりすると問題点に感じる人がいます。

まったく気にならない人や上手に説明するのが得意な人など、苦にならない方もいらっしゃると思いますので一概には言えません。

知力の高い人が合わせる方法が現実的ですが、日常会話で相手が求めている会話ができていなかったり、噛み合わなかったりすると、将来ずっと一緒にいるのが難しいと思われてしまう可能性はあります。

もちろん、知力が高い人との会話は意味が分からないし話していても楽しくないと感じることも多いので、どちらが別れを考え始めるか一概には言えません。

体力

知力と似た傾向があるのが体力差です。

旅行で観光地を回っていても、途中で疲れて帰りたくなる人や頻繁に休憩したくなる人もいれば、予定をフルに詰め込んでも元気いっぱいな人もいます。

デートでも同じような経験をしたことがある方は多いのではないでしょうか。

これも知力と同様、高いほうの人が合わせるのが現実的で、もっと遊べる、もっとできる、もっと何かしたいという活力や気力をセーブするのが苦ではないのであれば問題にはなりません。

逆に、いつも中途半端なデートや旅行で満足できないと考え始めれば、ズレが生じるので破局に近づいていきます。

体力のある人が体力のない人に配慮せずにバンバン自分の好きな予定の組み方をし、好きな過ごし方をしている場合には、体力のない側の人は相当無理をして合わせることになります。

話し合って調整していかない限り、交際を続けるのが現実的ではないと考え始めるでしょう。

体力差についても自分たちの破局要因となりうるか考えてみるのが大事です。

食欲

食欲も最初から個人差のあるものだと思いますが、時々食べる量がきっかけで破局に繋がってしまう人もいます。

多く食べるのが理由で振られた人の話は今のところ一度も聞いたことがありませんが、少食が理由で振られてしまった人の話は何度かお聞きしています。

もちろんそれだけで振られたわけではないですが、トリガーになりやすい印象です。

自分もたくさん食べるから、相手にも良い食べっぷりを望み「みんなで楽しくたくさん食べる家庭を築きたい」と考える人もいらっしゃるようです。

食事を楽しい時間にしたいというのが根底にある人が多いようなので、たくさん食べられなくても話す内容や雰囲気などでカバーできるといいのかもしれません。

コンテクストを読む力

最後に、コンテクストを読む力というのがとても重要です。
コンテクストとは文脈、広義には背景、状況、場面を指します。
日本人は言語的にも文化的にもコンテクスト能力が高い民族だと言われています。

しかし、そんなハイコンテクスト文化の日本の中でも、コンテクストを読む能力には差があるもの。0－100で考えることではなく、それぞれグラデーションで得意な人と得意ではない人に差が出るわけですが、コミュニケーションに与える影響はとても大きく馬鹿にできません。

コンテクストを読む能力差が他の要因と異なる性質を持っていると言えるのは、**それぞれが自分のコンテクストを読む能力がどの程度なのかを把握する機会が少なく、自分を客観的に見た時にそれが得意なほうなのか得意ではない方なのか自覚しにくい点にあります。**

時々、相談者様から「コンテクストを読む能力は知力と同じじゃないんですか?」と聞かれることがあるのですが、私は関係ないと考えています。

知力が知識や教養といったこれまでの積み重ねの結果なのだとしたら、コンテクストを読む能力というのは頭の使い方に比重が置かれ、今の状況を読む力、その瞬間の観察力などが問われるからです。

わかりやすい例を紹介します。

カップルがとある駅の西口で待ち合わせの約束をして、それぞれ別の電車で向かっていました。

彼氏が「駅のどこで待っていればいい?」と質問してきたのに対して、彼女が「西口だよ」と返信をしたところ、彼氏に呆れられたそうです。

彼氏からすれば、西口であることはもう決まっているので、西口にいる前提で西口のどこにいればいいのかを聞いたにもかかわらず、西口という回答だけが届いたのでフラストレーションを溜めてしまったというものです。

この例では「駅のどこで待っていればいい？」と質問した人のコンテクストを読む能力が比較的高く、「西口だよ」と答えた人はコンテクストを読むのが得意ではないと言えます。

もっと極端に言えば、コンテクストの能力が高い人は相手に向かって突然「ねえ、あれさ、あれしといて」とだけ言って終えることがあります。

ここで相手もコンテクストを読む能力が高いと「ああ、あれね。分かった」と具体的な単語が一切出てこないまま会話が完結してしまうのです。

そしてその意思の疎通が正しい、というところまでがセットです（間違っている場合はコンテクストを読めているということではない）。

主語や説明が不足している話を頻繁にする人はコンテクスト能力が高く、いちいち説明する必要がないと思えば説明をカットしてしまいますが、逆にコンテクスト能力が低いと主語がない話や説明不足の話を聞いても何の話をしているのかまったく分からないので、両者のコミュニケーションはうまく進まないのです。

交際相手や結婚相手とコンテクスト能力に差があると、コミュニケーションでお互い強いフラストレーションを溜めることになるので、これがそのまま破局につながってしまいます。

これも知力や体力と同様、コンテクストを読む能力が高いほうが合わせることで関係を良好にしていくことも継続していくことも可能です。

しかし、コンテクストを読む能力が高い人にとって得意ではない人に合わせるということは、本来説明する必要がないことを説明しなくてはならず、手間や工数がかかるため面倒だと感じてしまいます。

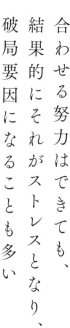

なお、ここまで挙げた要因の他には性欲の差が理由で破局するカップルも多いです。

合わせる努力はできても、結果的にそれがストレスとなり、破局要因になることも多い

第4章

ヒロインになるための自己改革

24

自己改革の始め方

自分磨きには
さまざまな
種類がある

——破局理由に応じた自己改革を

破局理由が分かったら次にその要因を修正すべく、**自己改革が必要です。自分磨きという言葉を使う方も多いかもしれません。**

復縁したいと考える人の多くが別れを告げられてしまっている側だとしたら、**少なくとも付き合っていた頃の自分とは交際を続けられないという結論を出されてしまっているい**ることになります。

そのため、破局の要因をできるだけ正確に把握することに努め、その後破局の要因となった部分にご自身に関することが含まれるのであれば、そこを修正していくことが必要です。

では、前章で紹介した要因に沿って、それぞれに対する自己改革の方法を解説していきます。

――深い関係になれなかったケース

別れる時に実際これを言われる人はほぼいないというのはここまでで述べた通りですが、**実は別れを告げる側も自覚していないことが多い要因です。**

「深い関係になれない」という理由をきちんと告げられた人がいるとしたら、相手は自分を客観的に見る力も言語化力もそれなりに高いと言えるでしょう。

そして**これが別れの要因だった場合に自己改革として行ったほうが良いことというのは非常に多岐にわたります。**

相手との関係を深くしていく技術を身につけるということや、技術を知っていてもできないとしたらそれがなぜなのかを解明して修正していく必要があります。

深い関係を構築していく技術についていくつか書いていきます。

①**自己開示をする**

相手との関係が深くないと自覚しているご相談者様というのはそれなりにいるのですが、皆さん共通して**「思っている以上に相手のことを知らない」**と言います。

私に相談するとあらゆる質問を受けることになるのですが、それに答えられないことが多いからです。

「どういう風に質問すればいいか分からない」「もっと相手の話を聞けばよかった」と言うのですが、実は相手のことをよく知らないのは質問をしないからではありません。

自身の話をしていないからです。

話してもらうために必要なのは質問ではなく「話したい」と思ってもらうこと。

話したいと思ってもらうために必要なのは質問ではなく、自分の話をすることです。

昨今ではネットや本でも人との関係を良くするために自分の話はせずに、相手の話を聞こうという論調が多く、その投稿がバズっているのも見かけます。

実際にご相談者様から「自分の話はしないほうがいいと思っていた」と言われたこ

とも何度もあります。

深い関係になりたいわけではなく、でも表面的には関係をスムーズにしておかなくてはならない人には自分の話をしないというのは良い方法だと思いますが、**関係を深くする、もっと仲良くするためには自分の話＝自己開示は不可欠です。**

お互いについて何も知らない状態から、自己開示によって相手はあなたが何に対してどのように感じ、考え、どのような行動を取り、どのような価値観を持っているかをどんどん知っていくわけです。

知っていくから何かあった時に「この人になら話してもいいかもしれない」と思ってもらえるのです。

相手が話してくれないから自分も話さない、では一生関係性は変わりません。

基本的に相手との関係性を深くしていく技術を知らない人の中でも、「誰とでも関係性を深くしていける」人以外は自分が率先して自分の話をするのが苦手。

ただし、自分だけが一方的にずっと自分の話を続けてしまうとか、自慢話だけになってしまうことが続くと、仲良くなれるものなれずに距離が空いてしまう可能性が高いので、やり過ぎないように気を付けましょう。

②肯定的な言動を心がける

私は深い関係を「相手に何を言っても何をしても大丈夫と思える安心感」と定義していますが、まさしくお互いにそれを叶えようと思ったら肯定的にコミュニケーションを行うことは非常に大事だと想像できますよね。

「これをしたい」「こう考えている」「今度これやるんだ」と何かを話してもらった時には肯定的なアクションを取りましょう。

逆の立場に立って考えてみてください。

自分が何かをやろうというモチベーションが高い時に「そんなことするの？」「やってもムダだと思うけど」「やめたほうがいいよ」などと言われたらどう思いますか？

1回や2回ならまだしも、何度も続いたらその人に何かを伝えるのは嫌だと思ってしまいませんか？

どうしても肯定するのが難しいことを相手がしていた場合も、コミュニケーションとしては一旦肯定することが大切です。

その後も「私はやらないほうがいいと思うけど」と否定を伝えるのではなく「たとえばこういう問題が起きた時はどうするの？」と相手に質問をしながら、自分を納得させる方向に持っていくか、相手に気付きを与えるかを目指してください。

この人はいつ何を言っても受け入れて肯定してくれる、否定してこないと感じると、何でも話したい、話しても大丈夫と思ってもらえるようになるのです。

③自然な速度でコミュニケーションを交わす

言い換えれば、コミュニケーションの速度を不自然に遅くしないこと。

特に別れている間や別れた直後、場合によっては別れる少し前から、相手とLINEなどでやり取りをする時の空気やテンションが重く暗いものになっていることは多いと思います。

空気やテンションというのは、返信速度、吹き出しの数や文章量、絵文字の数や内容、文体を指しています。

そうなると、気を使って返信速度が遅くなってしまうことがありますが、あまり良いこととは言えません。

恋愛インフルエンサーや復縁アドバイザーなどは「LINEは即レスしないほうがいい」や「返信速度は相手に合わせよう」などとアドバイスする方が多いですが、やはりLINEの速度は現状や相手を分析して決めた方が進みやすくなります。

そもそもLINEなどのやり取りの空気が重くなっているからといって、振った側が自分と連絡を取りたくないかもしれないと考えるのは早とちりです。

破局の多くは相手を嫌いになって決断することではなく、わざわざコストをかけてまで会おうと思えなくなったというケースが多いです。

今までは自分の趣味も後回しにして、休みをすべて恋人に使い、お金も時間もかけて会っていたけど、それを続けられるほどのモチベーションがなくなってしまったということのほうが多いわけです。

そんな中、何らかの理由で相手は別れを決断した。

さまざまなシミュレーションをしつつ、意を決して告げてきたわけです。

相手を傷つける可能性が高いと知りながら。


なので、相手は自分を嫌いではなく、むしろどちらかというとまだ好意がある場合が多く、でも**傷付けてまで別れを選択したという状況なので相手はあなたに対してとても気まずい状態であることが多いのです。**

ということは？　そう、今まで通りにＬＩＮＥを入れづらいのはむしろ相手のほう。**にもかかわらずあなたまでそれに乗っかってゆっくり返信していたら、余計に重苦しい空気になり、心の距離も物理的な距離も離れるばっかりです。**


さらに言えば、**復縁においては「追わせる」という考え方自体が超ナンセンス。**

追わせるという行為は少なくとも相手に追うほどの好意があるのが前提で成り立つ駆け引きなので、復縁という相手に別れを決断されてしまっている状態で駆け引きをして成立するのは稀だからです。

明らかに相手に未練がある場合などは駆け引きを使うこともアリだと思いますが、多くの場合、駆け引きは逆効果になる可能性が極めて高いでしょう。

好意の度合い＝未練なわけですが、相手はその好意を持った状態で別れを既に決断しているので、ちょっと未練があるぐらいではびくともしません。

自分も気まずい、相手も傷付ける、そういうことも考えた上での決死の別れの決断をそう簡単に覆すとは考えにくいので、駆け引きは無意味であると言えるわけです。

ただし、言っていることがコロコロ変わる初志貫徹できないタイプは、別れを告げた後にその判断を後悔している可能性があり駆け引きが有効な時もあります。

そしてＬＩＮＥがわかりやすいですが、既読機能はあれど送られてきたメッセージ内容に既読をつけずに読むこともできますよね。

基本的には8時間以上返信がなければ、メッセージが来ていると分かっているのに意図的に既読をつけていないと相手に思われてしまう可能性が高くなります。

そういったことで余計な印象を相手に与えることもリスクなので、やはり駆け引きをすることにメリットがあまりないのです。

もちろん、別れ際にしつこくしてしまって連絡を取ることを拒絶されているとか、相手に本気で呆れられてしまって明らかに嫌々数日に1回返信をくれる、というような状況では考えるべきことが変わってきますが、特別連絡が遅くなる理由が明確にない場合、これもあえて遅く返信するようなことはおすすめしません。

頭に入れておいてほしいことがもう一つ、それは**応答性**についてです。

人というのは、自分がしたことに対して応答してもらうと、その人に対して親近感が湧いたり、信頼が増したり、安心感を得られたりするものです。

つまり、できるだけ早めの返信をすることは、メッセージを送るということに対する応答であるので相手に安心感を与えるのです。

先ほど既読スルーなどの駆け引きはよくないと書きましたが、これは安心感を与えるのとは逆の行動であり、不安を煽るやり方でもあるので、長い目で見ると関係性の安定にも悪影響を及ぼします。

ちなみに、みなさんやその友人の中には恒常的にＬＩＮＥの返事が遅い方もいらっしゃると思いますが、なぜそうなるかというと、現代社会においてＬＩＮＥというのはビジネスシーンを除けば最も「ちゃんと返信しなければならない」ツールなので、根が真面目な人ほどしっかり考えなければという精神的負担によって遅くなるということも考えられます。

あとはＬＩＮＥを本当に連絡事項だけのやり取りに留めたいという方。

ＬＩＮＥの返事は来ないのに、ＳＮＳではリプライやＤＭが来たり、ゲームはオンラインになっているという人は、いずれかの傾向にあると考えられます。

④言行を偽らず、一致させる

言行が一致していると、相手から信頼を得ることができます。

言行がいつも一致している人が「明日電話するね」とあなたに言ったら、あなたは間違いなく電話が来ると思って過ごすでしょう。これが信頼です。

信頼というのはその時点での信用と未来に対しての期待なので、復縁したいと思っている時に相手から信頼を得ようとするのはすごく大切なことです。

自身の発言と行動が一致しないと逆に信用を失い、信頼されなくなっていきます。
しかし、言行の不一致は自覚なくして起こりやすいものなので注意が必要です。

よくあるのが、**感情が昂っている時に決断したことが後から変わってしまうこと。**

たとえば、相手と会う予定があったとして、会うまでの間に何らかのトラブルで感情的になったとします。

相手がなかなか会える日の具体的な候補を提示してくれなかったり、会うことに対して消極的に見えたり、会うことに直接関係ないことがきっかけかもしれません。

そこで「やっぱり会うのやめる」と決断して相手に伝えたとしましょう。

でも数時間、数日経つとだんだん会うのをやめたことを後悔し始めます。

「せっかく会う日が決まっていたのになんでこんな振り出しに戻るようなことをしてしまったんだ」とか「会うのをやめようと思うほどのことではなかった」とか。

それで「やっぱり会いたい」と伝えたとしたら、相手にしてみたら言ってることが急に変わる人という印象になってしまいます。

よくあることかもしれませんが、これが何度も続くと相手は信じてくれなくなります。それが信頼を失うということです。

このような自分の意思がコロコロ変わる人の多くは、自分の言行が一致していないことを責められると「理由があるんだ」と怒り出す人も少なくありません。

問題は理由があって意思が変わることではなく、それを周りの人に見せてしまっていることにあります。

まずは自分が普段の生活の中で意思が変わることがあるのかないのか、多いのか少ないのかなど、自分自身を観察しましょう。

もし意思が変わることが多いのであれば、何かを決断したとしてもまずは一旦周りの人や相手に言わず、自分の中でだけ抱えておきましょう。

数日経っても変わらなければそのまま伝えればいいし、変わったならそれがまた覆る可能性があるのかを考えた上で発表すれば、言行の不一致は起きにくくなり、相手からも信頼されやすくなります。

言ってしまったことを頑張って実行するというのももちろん重要ですが、そもそも発言段階で気を付けることのほうが大事なのです。

SNSでも復縁したい相手のことを投稿している人は多いと思いますが「返信来なかった。もう本当に呆れたのでもう復縁目指すのやめます」と投稿した数時間後に「やっぱり好き。返事来た!!」と意思をコロコロ変えている人も多いと聞きました。

これも、フォロワーさん含め見ている人からの信頼に関係するわけです。

ネット上のつながりを重視していない人も重視する人もいるのでそこは価値観によると思いますが、やはり意思がコロコロ変わる人は感情のままに発言するのを控えるだけで信頼を失いにくくなると考えられるのです。

決めたことを決めた通りに実行できるかどうかも大事です。

普段から実行できていない人は、これができるように頑張ってそのクセを身につけるか、計画段階での見直しが必要でしょう。

感情的に発言してしまうことに似ていますが、**最初の段階で周りの人にどのように**

伝えるかが信頼を得られるかのカギになりやすいと覚えておいてください。

⑤見返りを求めず、相手に必要なことを惜しまず行う

お互いが相手にどれだけのことをし合ったかというのは関係性を深めるうえでとても大事な要素です。

極端な話、命を助けてもらった人への感謝は一生ものになりますよね。

好きな人が命の危機に陥る場面に居合わせるというシチュエーションはさすがに現実的ではないですが、たとえば**相手が本当に落ち込んでいる時に「明日朝早いからごめんね」と言って先に寝てしまっては、本当に好きなのか、本当に関係性を深めたいのか疑問に思われて当然です。**

相手が必要としていればというのが前提ですが、しっかり話を聞いてあげたり、逆にそっとしておいてほしいときにはそっとしておいてあげたり……。

恋愛のみならず友人関係でも非常に大切なことです。

実際にご相談者様から聞いたエピソードをご紹介しましょう。

その方は**仲の良い友人が失恋してしまったという話を聞いた瞬間、次の日が仕事にもかかわらず自宅のある名古屋から友人の住む仙台まで飛んでいったそうです。**

「そこまでするの⁉」と思われる方もいるかもしれませんが、仲が良い（ずっと仲良しでいたい）、信頼されたい（信頼を失いたくない）、付き合いたい（これからも交際を続けたい）……など強い関係性を求める相手に対してであれば、個人的には「普通だよなぁ」と思う範疇《はんちゅう》のエピソードでした。

意外なことに、恋愛相談を受けているとこの話が通じない方がたくさんいらっしゃいます。

これも実際のご相談者様ですが、振られた要因を探るべく2人の歴史を聞いていて明らかに相手から仕事の悩みや心配事、困っていることなどを聞いてほしいというサインが出ていたにもかかわらず、彼女は一切気づかずすべてスルーしていました。

恋愛相談を始めて4年が経ちますが、若い世代にこういったSOSを拾えない方が増えている印象を持ちます。

見返りを求めず、相手が求めていることを惜しまずに実行することの積み重ねで、人は仲を深めていくのだと考えています。

もちろん、よほど仲良くなりたいと思える相手意外に無理をしてする必要はありません。そこまでのことをしたい相手にちゃんとそれをする。

好きな人、復縁したい人が発しているSOSに対して「さすがにそこまでは……」と考えてしまうのはNGです。

LINEを続けたり、会ったりを続けているだけでは、一歩先には進めないことを肝に命じておきましょう。

⑥信じること

私はここでの「信じる」を「相手に何が起きても、どんなことがあっても、たとえ自分が傷ついても、それを受け容れる覚悟を持つ」ことと定義しています。

勘違いしてほしくないのは、自分の中での線引きも必要だということです。

相手に対して「ここまでのことはされても、傷ついても受け容れるけど、このラインを超えられたらもう別れよう」など、自分軸で考えた線引きをして向き合うのです。

その線引きは時間の経過によって上下することもありますが、とにかく「ここまでのことは全部受け容れるんだ」という覚悟を持って相手に接しましょう。

受け容れる覚悟などと言うと、俗に言うクズ男にたぶらかされるイメージが湧く方もいると思いますが、自分軸で前もってしっかり線引きしておくことで、泥沼にはまることも防ぐことができます。

自分軸を持つ大事さと、自分軸で生きるために必要なことについては6章でお伝えします。

関係性を深めるためにできること、
信頼を失わないために
しないことを理解しよう

25

負けヒロイン思考を生み出す11匹の悪魔

恋愛を邪魔する思考のクセ

——悪魔退治とは？

悪魔退治というのは私が勝手にそう呼んでいるだけなのですが、要は**「認知のクセ」＝恋愛を邪魔する悪魔を追い払おうということです。**

心理士さんやカウンセラーによって定義も違ってくるのですが、私は認知のクセを11に分類しています。11匹の悪魔を倒そうということです。

心理学用語で認知というのは、簡単に言えば物事をどう捉えてどう行動するかということ。**自分が物事をどう捉えるかを変えれば、その後の自分の言動も変わり、結果も変わるのです。**

代表的な認知のクセは**「白黒思考」**（悪魔としてはシロクロデビルと呼んでいます）で、わかりやすいのが何かあったらすぐSNSをブロックしてしまう人や「私ってハッキリさせたい性格だから」と自分で言う人です。

これは**性格というよりも修正したほうがいい認知のクセ**なんですよね。

悪魔退治を進めていくと、自分が普段考えていることのどこまでが悪魔か、悪魔じゃないかに気づけるようになっていきます。

ご相談者様の中にも「私には彼しかいないんだ……！」と強く思い込んでいたのがある日コロっと「そんなことなかった」とご自身で気づくこともありました。

――失敗行動は認知から生まれる

悪魔退治をするメリットに、**感情に支配されて間違った言動をとってしまう可能性を減らせることが挙げられます。**

たとえば、彼氏のいる女性が友人から「彼氏かっこいいね！」と言われたとしましょう。

Aさんは「彼氏が褒められた！　うれしい！」と思い、
Bさんは「え、彼氏のこと狙ってるのかな？　不安」と思いました。
起きた出来事が感情を左右するなら、AさんとBさんは同じ感情を抱くはずですが、実際には違いました。

つまり、**起きた出来事は感情を左右しない**のです。

ではなぜ2人は違う感情を抱いているかというと、**認知が違うから。**
認知が違うから違う感情が生まれ、違う感情が違う行動を生んでいるのです。

恋愛がうまくいく人といかない人の違いがここにあります。

――悪魔のボス、スキーマ（信念）

11匹の悪魔にはボスがいます。心理学用語で**「スキーマ」**と呼びますが、私はわかりやすく**「信念」**と呼んでいます。

ざっくり説明すると**「わざわざ考えたことがないぐらい自分の心理の奥深いところにある、生まれてから今日までのチリツモ」**というところでしょうか。

スキーマは自分自身に対して、他人に対して、社会に対して……など、カテゴリごとにあると言われています。

典型的なパターンだと、生まれた時から親に愛されてこなかった人は「私は誰からも愛されない」というスキーマを持ってしまうなど。

これは自覚がある場合もない場合もあります。

「人は損得でしか動かない」というスキーマを持っている人が会社で困っている時に、手伝ってくれた同僚がいたとしましょう。

するとスキーマのせいで「手伝うことで好感度を上げて、人事評価をよくしようと思っているんだろう」と考えてしまうのです。

こういった相手の気持ちを勝手に決めつけてしまう悪魔を「キメツケーブル」と呼んでいるのですが、**結局スキーマというボスがいて、ボスが悪魔を召喚し、悪魔が恋愛を邪魔する思考・感情を植え付けてしまう**ということです。

ではボスも退治すればよいのかと思う方もいらっしゃるかもしれませんが、これは生まれてからのチリツモですぐに書き換えられるものではないので、まずはボスの下にいる悪魔を倒していくことをおすすめしています。

悪魔の倒し方については、次項で解説します。

認知がゆがんでいるせいで、間違った行動をしてしまうことを知っておこう

あなたを邪魔する11匹の悪魔たち

0か100かの
シロクロデビル

ものごとを0か100か、白か黒かで割り切って、**完璧さ**を求めさせる。

中間のことを考えさせないので「**すべて**台無し」「**絶対に**無理」など極端な判断を下させる。

完璧主義なボスが存在している場合が多い。

否定的なラベルを貼る
ラベリーブル

ちょっとした失敗体験を元に、それが本質であるかのように否定的なラベルを貼らせる。

「自分はダメだ」と思わせたり「あの人は〇〇だ」と相手にもラベル貼りをさせたりする。

イメージに振り回されて冷静な判断ができなくなる。

「～すべき」と考えさせる
スベキーブル

厳しい基準を作り上げる「**すべき思考**」。

大抵のことを失敗と思わせ、何をしても満足感を得られず、自己嫌悪に。

無気力になったり、失敗を恐れすぎて慎重になりすぎたりすることも。

「いつもこうだ」と思い込ませる
オナジデビル

少ない事実だけで「全部こう」「いつもこう」と**一般化**させる。
2、3人から嫌われただけで、みんなに嫌われているように感じさせる。
落ち込みやすくなったり、ものの見方に柔軟性が失われたりする。

悪いことばかりに注目させる
エラブデビル

自分が関心を向けていることでも、特に悪いことに目を向けさせる。

過去のことも、失敗したことばかりを思い出させる「**選択的抽出**」。

世の中は困難なことばかりだと考えてしまうようになる。

関係ないのに突如現れる
モーソン

明らかに事実に反する根拠があっても、**間違った妄想**で押し通す。

他の悪魔と違い、きっかけもなく登場するので退治が難しい。

何があってもその時気にしていることに関連付けしてしまう。

物事の悪い面ばかり見せる
フィルタタン

なんでもないことや良いことまで悪い方に考えさせる「マイナス思考」。

「お世辞を言われている」「まぐれだ」「誰でもできる」と考えさせる。

何事にも悲観的になってしまい、気分も暗くなりがち。

短所を大げさに、長所を小さく捉えさせる
大げさデーモン

「自分は悪いところ、できないことだらけ」と**自己否定的**にさせる。

逆に他人の良い点は大きく、悪い点は小さく見せることも。

自分の良いところは「当たり前」と考えてしまい、正しく評価できなくなる。

「全部自分のせいだ」と考えさせる
セルフィーンド

自分に関係ないことも自分の責任だと感じさせる「**自己関連付け**」。

「自分は人に迷惑ばかりかけている」「関わるべきではない」と考えさせ、引きこもりや自殺願望を生み出してしまうことも。

わずかな材料で相手の心に結論を出す
飛びサタン

悲観的な思い付きで根拠のない結論を信じ込ませる「**独断的推論**」。

一方的に傷付き、すべてが嫌に。

人からどう思われているかを異常に気にするようになる。

感じていることを決めつける
キメツケーブル

相手や自分の感情や考えを「こうに違いない」と誤って思い込ませる「**感情的決めつけ**」。

事実からかけ離れた考えや言動が生まれてしまいやすい。


自分の中にはどの悪魔が潜んでいそうか考えてみましょう

26

悪魔を倒す武器はこれ！

自分の考えを整理する方法

——一番スタンダードな武器「コラム法」

悪魔を倒すためには武器が必要ですが、最も効くのが「コラム法」です。

コラム法とは認知行動療法の一種で、起きた出来事に対して、その時自分が思ったことをすべてリストアップしていく方法です。

そこから悪魔が含まれているものを選び、さらに最も自分が引っかかっているものを1つだけ選んで倒していきます。


たとえば好きな人とLINEをしていて、長時間既読がつかなかったとしましょう。

当然さまざまな考えが浮かぶと思いますが、ここでは「彼は意図的に既読をつけていない」という考えを悪魔が含まれていそうだとピックアップします。

次に、その考えがその通りだと思える根拠を挙げていきます。
「既読が遅かったから」だと思い込みなので認められません。
よくよく考えると「根拠はない」が答えになることも多いです。

根拠の有無がわかったら、反証を挙げていきます。今回の例で言うと、
○彼は「その時間帯は忙しかった」と言っていた
○「忙しかった」と言っていた時間を過ぎてすぐに返信をくれている
などが考えられますね。

では反証を踏まえてもう一度起きた出来事をどう思うか考えてみると……
「忙しかったから既読がつかなかっただけで意図的ではないだろう」などと考えることもできました。

ここまでやったら、最初とどれくらい感情の変化があったかを分析してみましょう。

すると「最初は不安が60%だったけど、自分の考えを整理したことで0%になった」ということが起こります。

見事に悪魔を退治できていますね。

あまり変わらなかったという方は、2番目、3番目に強かった考えについても整理していくといいでしょう。

――悪魔を抱えているときに大事なこと

理想は出てきた悪魔を瞬時に倒せるようになることですが、仮にすぐ悪魔を倒せなかったとしても**悪魔を表に出させないことが大事です。**

「自分が今考えていることは悪魔のせいかもしれない」と思った時、そのまま発言や行動に移さないようにしましょうということです。

ひとりで悪魔退治ができるようになったご相談者様でも、必ずしも毎回どんな悪魔も倒せるわけではありません。

ただ、悪魔だと気付けることが非常に重要で、これは**「今自分が考えていることはおそらくあまりいいことではないな」と自覚できている**ということでもあります。

そう感じたときに**「言わない、やらない」ができるかは本当に大切なことで、これが徹底できないとその恋が終わってしまうような取り返しのつかない言動をしてしまいかねません。**

これで後悔する人がとても多いのですが、**取り返しのつかないことを言わなければ、やらなければ、可能性が残るのが恋愛です。**

「言わない、やらない」を胸に刻んで、好きな人とコミュニケーションをとりましょう。

自分の考えを整理することで、
不安な気持ちが消えることもある

コラム法で悪魔を倒そう！

起きた出来事：好きな人が知らない女性と
ランチを食べていたのをたまたま目撃した

考えたこと：誰？　彼女できた？　好きな人？
かわいい　取られた　ムカつく　若い

Pick up

根拠：２人とも笑顔だった　２人きりだった

反証：彼女ができたとは聞いていない。
平日の日中で仕事をしているはずの時間だった。

改めて考えたこと：仕事関係の人とランチに行っただけかもしれない

気持ちの変化：不安 80%　→　20%

紙に書きながら、いろいろな出来事で練習するのもおすすめです

27 大変身した自分で再会はNG?

外見の磨き方にも注意が必要

——相手の好みの範囲で変身ならいいが……

ネットの恋愛記事によく見られるのが「久しぶりに相手に会う時に、大変身しているとグッとくる」というような情報です。

鵜呑みにしてしまう人も多いのですが、**本当に大変身してしまうと失敗することも多々あります。**

以前、ご相談者様が元カレに半年ぶりに会った時、彼女は気合を入れてとてもダイエットを頑張り、服装もフォーマルカジュアルに近い雰囲気だったものをスポーティに変え、髪もロングからショートに切っていったそうです。

しかし彼の反応はというとドン引き。「なんかガリガリじゃん」とまで言われてしまったそうです。

外見を磨くのは大事なことですが、好きな人に訴求したくて見た目を変えるのであれば、あくまで相手の好みにより刺さるような変身の仕方を考えなければ逆効果になりかねないということですね。

ただし、自分に合ったメイクやヘアスタイルを見つけること、メイクやヘアセットの技術を磨くことは言うまでもなく大事です。

これが変わって復縁に成功したご相談者様もたくさんいました。

イメチェンすればいい、
ギャップを出せばいい
というわけではない

28

復縁とは「欲しくないものを買わせる」こと

復縁に必要な営業力の身につけ方

——これができる子は復縁を叶えている！

あなたが復縁したいと思っている相手は、ほとんどの場合相手が別れることを決断しているはずです。つまり、「もうこの先の人生、あなたと添い遂げるつもりがありません！」と宣言されているということ。

そんな相手にコンタクトを取ってもう1回付き合ってもらおうとする行為は、**欲しいと思っていないもの、一度買ったけど「もういらない」と思ったものを買ってもらう**行為に近いと言えます。

（逆に言えば、アプローチしてきた人は、欲しいものを買いにお店に来ている状態）

たとえば今テレビが欲しいと思っていない人に、いきなりテレビの話をしても真剣に聞く耳は持ってくれないでしょう。

——まず必要なのは、聞く耳を持ってもらうこと！

そのために必要なのが、**相手の感情を高める**行動です。

相手にいい気分、楽しい気持ちになってもらい、「やっぱりこの子と話すの楽しい」「一緒にいると居心地がいいな」と、再認識してもらう必要があるのです。

先ほど「欲しくないものを買わせる」ようなことだと言いましたが、復縁相談をしていても、まさに新規開拓の外回り営業をしている子はこの必要性を理解し、身につけ、実践し、復縁を手繰り寄せています。

「私、営業なんてやったことないんですけど」という方もいると思いますが、実際デフォルトでうまくできる子もいれば練習してもうまくいかない子が多い技術なので、営業経験がある人には有利なアプローチ方法と言えるかもしれません。

――相手の感情を高める営業力の中身とは？

では具体的に、本項における営業力というものがどういったものかを解説します。

それはズバリ、**お礼を言うときに自分にとっての相手の価値を伝える**ということです。

価値を伝えることで、**「自分の存在意義」を感じてもらう**のです。

簡単な例にすると、

靴を履くときに荷物を持ってもらったら、

「ありがとう。荷物を持っていてくれて、手が塞がらなかったから履きやすくてめちゃくちゃ助かった」

というように、ただのお礼だけではなくて相手の行動が自分にとっての価値を生み出したことをしっかり伝えるのです。

伝えられた側は、**自分の行いが価値を生んでいることや自分がここにいる意味、存在価値を知らず知らずの間に感じていくので、これが積み重なると勝手にテンションが上がっていきます。**

「俺ってこの子の役に立ってるじゃん」と。

特に男性脳の傾向が強い人には効果てきめんです。

基本的に男性脳の人は、目の前にいる相手を幸せにしたいと思う気持ちが強いので、存在意義を感じてもらうことで恋に結びつけやすくなるのです。

裏を返せば、こういったコミュニケーションがなくなったカップルは破局してしまう可能性が高いので、今のパートナーと良好な関係を続けたいと考えている方にもぜひ心がけていただきたいスキルです。

復縁相談をしていても、しっかり実践できた子はまた相手と会うことができていますし、全然言えずに帰ってきた子には次がないことが多いです。

一朝一夕で身につく技術ではありませんが、普段から友人や家族に対しても「お礼＋価値」を伝える練習をして、徐々に慣れていきましょう。

難しければ、とにかく相手の良いところ、尊敬できるところ、素敵なところ、好きなところを怒涛のように伝えるという習慣を意識するのもオススメです。

復縁したい相手と会えた時に、テンションを上げられるかが復縁成功のカギ

29

すべてを考慮したアクションの決め方

別れ方、タイプ、現状から考える

――現状が何よりも優先される時

ここまで愛着スタイル、脳タイプ、破局要因や、自己改革の方法など多くのことをお伝えしてきましたが、ここではそのすべてを考慮してどのようなアクションを取るかという部分にフォーカスします。

どの要素にも人それぞれな部分があるので、すべてを考慮すればなおさら千差万別になりますが、少なくとも**最も優先度が高いのは「現状」です。**

極端な話、相手がどのようなタイプでどんな振られ方をしていても、相手がブチ切れている状態で終わっているのならタイプ分析など考慮する意味がありません。

本来は喧嘩してしまって気まずい、なんとなく別れ話をしてしまった、という程度であればグイグイとコミュニケーションを取ったほうがいいタイプの相手であっても、現状が酷ければ冷却期間を置いたほうがいいこともあるということです。

どんなに大きな怒りも感情なので小さくなっていき、いずれは消えるものですが、**怒りの炎が絶賛炎上中というときに連絡を取ろうとする行為は、自分から薪を焚《く》べているようなもの。**

私は冷却期間のせいでうまくいかないことのほうが多いと考えているぐらい、冷却期間を置きましょうとは言わないタイプなのですが、そんな私でも本当に何もしないほうがいいとご相談者様にお伝えすることもあります。

――別れ方×愛着スタイル×脳タイプ

では、現状に大きな支障がない場合はどう判断すべきでしょうか。
よく起こりがちなパターンを紹介します。

パターン①

○別れ方……喧嘩
○相手の愛着スタイル……不安型傾向強めで恐れ回避型傾向もアリ
○脳タイプ……お互いに感情的、感覚的な右脳タイプ

この場合、少しでも早く連絡を取ることで復縁の可能性が上がります。いきなり雑談、日常会話でOK。

この手のタイプは間を空けすぎると相手に新しい恋愛が始まるリスクがどんどん高まっていきます。

パターン②

○別れ方……男性脳側の自信喪失
○相手の愛着スタイル……安定型か不安型、回避型ウェット
○脳タイプ……相手が左脳優位

男性脳側が、要望を叶えてあげる気持ちをなくしてしまい、好きでいる自信を失ってしまったパターン。別れることになるトリガーは別なことが多いです。

ご相談者様にダントツで多いのもこのパターンです。

この場合は別れた瞬間からコミュニケーションを取り続けるのが望ましいです。もしコミュニケーションが続けられない場合は、2カ月弱程度の冷却期間を置くのもアリです。

合理的な会う理由をつくり、会っている時に相手のテンションを上げ、会う回数を増やしましょう。

破局要因が他にもある場合は、改善されたことを実感させられればベストです。

パターン③

○別れ方と愛着スタイルは②と同じで、脳タイプが右脳優位
このパターンもコミュニケーションを取れるようにしておきたいところですが、連絡が続きやすい傾向にあります。

逆にこのパターンで別れた後に連絡が続かない場合、相手に相当嫌がられている可能性が高いので、反応を見て冷却期間を置く必要があります。

合理的な理由でもいいですが、楽しいことを提案すると会える可能性が高まります。

会っている時になるべくテンションを上げるのは同じですが、このパターンでは感情を上げていくことに注力しましょう。

パターン④

○別れ方……感情的になり相手に見限られた
○相手の愛着スタイル……安定型 ｏｒ 回避型
○脳タイプ……左脳優位

この場合、友人関係を続けられるか連絡し、関係が続くなら会うことを打診しましょう。会った時に相手のテンションを上げるのと同時に、自分が感情的にならないために今していることについて話してみるといいです。

パターン⑤

○別れ方……音信不通（1カ月以上）を除くさまざまな理由
○相手の愛着スタイル……不安型 ｏｒ 回避型 ｏｒ 恐れ回避型
○脳タイプ……右脳優位

コミュニケーションも取れるし、一緒に遊ぶし、セックスもするのに復縁はしないパターンとお考えください。

このパターンは、別れる前からか別れた後からかはわかりませんが、相手の恋愛対象に入っていない可能性が高いです。

やるべきことは、五感で相手に好きになってもらうことと、相手に尊敬してもらえる部分を増やしていくことを並行して行うことです。

セフレ関係が続いていた場合、本気で復縁したいならセフレとして会うのをやめて、自分磨きに時間を使うということも必要でしょう。

それぞれの要素を鑑みて、採るべきベストな選択肢を選ぼう

30

「待つ」を味方にする

動くだけが
頑張りではない

――「何もしない」をできるようになろう

頑張るというとアクションを起こそうとしがちですが、あえて何もしない選択肢を採れることも大事です。

意中の人といい感じになるまで漕ぎつけたのに、焦って結論を出させようとしてしまったり、LINEの返信が遅い時に催促してしまったり。

いろんな種類の「待つ」ができるようにならなければ、付き合えたとしてもその後安定していい関係性を維持できません。

せっかく途中までうまくいっていたのに、待てなかったせいで復縁がうまくいかなかった人のよくあるパターンをご紹介します。

①会えているのに進展しない

破局後（告白後）何度も会えているが、復縁（交際）する方向に進んでいない。

こういう時待てずに相手に結論を求めると、そこですべてが終わってしまう可能性があります。

相手は悩んで迷っていることも多いので、そこで今すぐ結論を出せと言われると、一度別れている以上は復縁したいという方向に気持ちが傾きにくくなります。

多くの人は、何とも思っていない人とはわざわざ会いません。会う以上、好きだからとか、一緒にいたら楽しいとか、何かしらのメリットを感じて会っているので、待っていれば相手側に復縁の意思が出てくることも多いです。

相手からお誘いがある場合は、さらに可能性が高まります。

会えているのに進展しないことにモヤモヤする方も多いですが、会えなくなるより会えているほうが絶対にマシなので、そのグレーな状況を受け入れましょう。

白黒ハッキリさせるよりやれることが他にあるはずです。

②相手に新しい人がいる疑惑

新しい人というのは、恋人も恋人未満も、真偽不明も含めてで、とにかくそれを知って**攻撃的になってしまうのをやめましょう**ということです。

相手に気になる人がいれば、よりいっそうそちらに気持ちがいくだけですし、誤解だった場合も「やっぱり別れてよかった」となるので、いいことがありません。

癇癪を起こして相手をブロックする方も意外なほど多いのですが、本当にやめてください。

付き合えたり復縁できたりというルートの入口にさえ立てなくなってしまいます。

③オンラインのやり取りができる

振られた後でも普通にＬＩＮＥなどでコミュニケーションを取れている状況で、返信が遅い時に待てなくて長文ＬＩＮＥを送ってしまうなどの行動をしてしまうケースです。

交際していた時は返信が早かったり、遅くても許せたりしていたけれど、別れた後は当たり前のように返信が遅くなるというのはある意味自然なこと。

しかしそれに対して「もう私とＬＩＮＥしたくないならしなくてもいいよ」と送ったり、長文でお気持ち表明してしまう人も実は結構多いです。

せっかくコミュニケーションが取れていたのに、そのチャンネルさえなくなってしまうリスクが高いのでぐっとこらえましょう。

――待って成功した女性

グッと我慢したことで復縁を成就させた過去のご相談者様の例をご紹介します。

Ｇさんと彼は同じ大学に在籍していたのですが、医学部で優秀だったＧさんは彼に対して先生のように教えつつ、怒ってもしまうような接し方になってしまい、そのストレスが彼にチリツモしてしまい破局しました。

同じ大学だった＋家も近かったので顔を合わせることもあるのですが、私はとにかくＧさんに「絶対何もするな」とアドバイスしていました。

共通の友人と一緒にいても「彼の話題は出さないように」という徹底ぶりです。

ある時、彼がＧさんの家に置いていた荷物についてＬＩＮＥをしてきましたが、ここでも一旦我慢しようと、2カ月ほど引き延ばしたうえで彼が家に取りに来ることになりました。

その際も「マジで我慢だよ。雑談もしないで、本当に荷物の受け渡しだけして。でも感じ悪くはならないように」とアドバイス。

Gさんはとても不安だったと思うのですが、アドバイスを徹底的に守ってくれた結果、それからまた1カ月後くらいに復縁が叶いました。

「何もしない」を徹底していた間に並行して外見磨きも頑張ってもらったのですが、久々にGさんの姿を見た彼がGさんと気付かずに「めっちゃかわいい子いる！」と思ったのを後から聞いて知ったそうです。

焦った行動で可能性を
ゼロにするよりは、
待ちながら爪を研いでおこう

31

共通の知人・友人とは距離を取る

大変な目に遭うことも多い

――共通の知人・友人は基本的に邪魔しかしない

共通の知人・友人といえば、恋愛においては心強い相談相手と思いがちですが、プロ目線では**ほとんど邪魔な存在にしかなりません。**

厄介なのは悪意がないことです。

「○○は信頼できるから」「あの人は私たちの関係を知らないから」などと油断して話してしまいがちですが、**彼らも人間なので当然ながらそれぞれに意思があり、それぞれの認知の仕方があり、面倒なことにそれぞれの正義感で動いてしまうのです。**

余計なことを言ってしまうのも問題です。

たとえばＨさんが彼と復縁したいと思っていた時に、Ｈさんが彼には言わず男性もいる飲み会に参加していたとしましょう。

するとＨさんと彼が復縁したいなど一切知らないＩさんが「Ｈさん、この前飲み会にいて楽しそうだった」という話を彼にしてしまう、というようなことは普通に起こります。

――キューピットになるのは10分の1!?

悪意はないのに、コトがどんどん悪い方向に進むこともあるということです。

絶対にバレたくないことがバレるなど、初手で詰んでしまうような事態も珍しくありません。

キューピットになるのはせいぜい10組のうち1組で、残り9組ではほぼ悪いことしか起きないほど**共通の知人・友人というのは相当警戒すべき存在なのです。**

ご相談者様には信じられないと感じる方も多いのですが、共通の知人・友人によって悲惨な事態になってしまい、泣きついてくるというケースも多いです。

そういった場合は手遅れであることが多く、もう救えないという状況に陥ってしまったご相談者様が何人もいました。

飲み会で同席した友人の態度があまりにも悪かったため、「あいつなんなんだよ」と彼が激怒し、復縁どころかLINEさえできなくなったという事例さえあります。

自分の行動で恋愛がうまくいかなかった時も後悔しますが、第三者のせいで悪い方向に行ってしまったら、本当に悔やんでも悔やみきれないですよね。

会うことは避けられない状況もあるとは思いますが、極力不要なことは話さないということを徹底しましょう。

どうしても誰かに話したくて限界になってしまった時は、恋愛カウンセラーに頼るというのも一つの手です。

予期せぬ事態が起きたり、意図せぬ伝わり方をしてしまうので、警戒しよう

第5章

結果が出るまでの辛い時期をどう乗り越えるか

32

ゴールへの過程で辛い時に考えること

不安を乗り越えるために必要なこと

——待っている時間、冷却期間に不安になるのはなぜか？

私は冷却期間をなるべく使わないことを推奨していますが、それでも冷却期間が必要な時もあります。「待つ」というのはとても大切です。

これは待った結果成功したことがある人は理解してくださるのですが、**待てない人は成功体験のなさや〝たまたま〟待たずに成功した体験から、どうしても待つことができないです。**

待つ時に必要なのは相手のことを考えるよりも自分について考えることです。

自分の機嫌を自分で取り、自分のことを信じ、自分の思考のクセを理解し、自分の行動パターンを冷静に判断することに専念しましょう。

つまり客観視が必要で、これを**メタ認知**と言います。

待つ時間や冷却期間に不安になるのは、主に

①相手が自分を忘れるかもしれない

②相手に他の恋人や好きな人ができるかもしれない

③自分のことを相手が「もういいんだ」と勘違いするかもしれない

などの理由が挙げられます。

①相手が自分を忘れるかもしれない

待っている時間・冷却期間というのは相手や環境や状況によって期間が異なるものではありますが、その間は相手との連絡を一切断っている状態です。

つまり相手にとって自分を思い出すきっかけを自ら生み出すことは「0」となってしまうので、忘れられてしまうのではないかと心配になってしまうのでしょう。

②相手に他の恋人や好きな人ができるかもしれない

連絡を一切断つということは相手の状況も自分では分からないということになりま

す。

相手がどこでいつ何をしているのか分からない時間が続くため、その期間に相手に新しく好きな人や恋人ができてしまうかもしれないと心配になってしまうのでしょう。

③自分のことを相手が「もういいんだ」と勘違いするかもしれない

特にこれは自分からアプローチするタイプの人や、自分から連絡することが多い人にありがちな考え方ですが、一定期間以上何もしないことで相手から「俺（私）のことはもういいんだ（諦めた）な」と思われてしまうのではないかと心配になってしまうパターンです。

――恋がなかなか進展しない時期の不安

進展しない時にも不安を感じやすいです。

④自分が今正しいことをしているかわからない

⑤「自分だったら」と考えてしまう

というのが主な原因になってきます。

④自分が今正しいことをしているか分からない

難しい復縁を達成させようとしている道中は、まるで迷路の途中で迷っているような感覚になると思います。

そうなると「今自分がやっていることって正しいのだろうか……？」と心配になってくるものです。

⑤「自分だったら」と考えてしまう

これもよくある話ですが「もし自分が相手の立場だったら、好きならもう付き合ってるはずだし」などと考えてしまうと進展していない状況を不安に思いますよね。

人間は「自分だったら……」と考えやすい生き物なのです。

――待つのが好きな人、不安にならない人はいない

先ほど挙げた不安に対する考え方を、順に見ていきましょう。

①相手が自分を忘れるかもしれない

↓わすれません。忘れません。

冷却期間や待つ期間が数年に及ぶ場合は別ですが、一般的に冷却期間は3カ月から長くて半年、かなり厳しい状態であっても1年が限界です（1年以上空けないといけない状態というのは「相手に忘れられるかも」うんぬん以前の問題があります）。

あなたは半年前に付き合っていた人や仲良くしていた人のことを忘れますか？

LINEが来て「誰……？」とはなりませんよね。

記憶として忘れるという意味ではなく〝2人の良い思い出を忘れる〟という意味であれば、これも相手が男性脳の人に限ってはほぼ心配いりません。

よくネット記事でも見かける内容ですが、**男性脳は過去に付き合った相手や恋愛関係になりそうだった相手をそう簡単に忘れません。**

別れてすぐは別れた事実をサッパリ潔《いさぎよ》く受け入れることが多い男性脳ですが、**特に自分が決断して振った場合、決断が間違っていたと考えたくないのが男性脳のため「これでよかったのだ」と別れを肯定しようとします。**

そして誰とも付き合っていないフリーな状態を満喫しようと考え、のびのびと過ごそうとするケースが多いです。

また、男性脳の人は感情を長期的に記憶することが難しく、ある程度の期間が過ぎるとその時の感情を忘れてしまいやすいです。

別れた時にとても嫌な感情を持っていたとしても、それを長期的に覚えていることが難しく、しばらく経つと「たしかに嫌なことはあったけど、別れる必要まであったかな」と考えるようになりやすいのです。

都合のいい話ですが、**嫌な感情を忘れて良かった記憶をふんわり残しておいてくれるのが男性脳なので、「男性は名前を付けて保存」**と言われるのでしょう。

② 相手に他の恋人や好きな人ができるかもしれない

→できたとしても、あなたと相手の関係性には無関係

冷却期間は「相手とあなたの関係性の改善」を図っている時間であり、決して何もしていない時間ではありません。

感情は時間でしか解決できないことがあるので、冷却期間＝絶対的に必要なことをしているわけです。

一方その期間、つまりあなたと相手の関係をもう一度再構築しようとしている期間において、相手と別の人との関係というのは実はあなたにはまったく関係ありません。というか、どうすることもできません。


あなたがその2人の邪魔をしたところで、あなたと相手の関係性は改善しますか？

最低限必要な冷却期間を設けずに連絡してあなたと相手の関係が改善されるなら、冷却期間は最初から不要だったということになりますよね。

冷静になりましょう。

不安になるのは仕方がないですが、自分が相手との関係を改善することに注力することがベストなのです。

③自分のことを相手が「もういいんだ」と勘違いするかもしれない
→「もういいんだ」と思わせるのはこちらの思うツボ

復縁の冷却期間だと仮定した場合、相手の心理は大別すると下記のいずれかです。

○まだ未練がある
○別れてスッキリしている

まだ未練がある場合「俺（私）のことはもうどうでもいいんだ」と思わせた時点で相手は不安になります。

「なら俺（私）も諦めよう」という考えになることもあるかもしれませんが、そこで完全に未練を断ち切れるほど人間の感情はシンプルではありません。

冷却期間も設けるわけですから、なおさら相手はあなたのことを考える日々になるでしょう。

別れてスッキリしている場合、別れることが相手の希望だったので「もういいんだ」と思われるのはプラスに働きます。

「もういいんだ」と思うからこそ友人として連絡を取り合うことが可能になり、油断するので、連絡を再開した時にスムーズにコミュニケーションが取れます。

④自分が今正しいことをしているか分からない

→最終結果まで進捗は分からないものであり、結果がすべて

人間は自分がしたことの結果や成果がすぐに出ることによってモチベーションを保つことができます。

「行動」から「結果」の時間が短ければ短いほどやる気を出しますし、自分の進んでいる道を不安に思わなくなります。

すぐに結果が出にくい恋愛や復縁で、道中不安になるのは仕方のないこと。

だからこそ、できるだけ客観的に分析したり、カウンセラーに相談したりして、不安を払拭することは有効と言えるでしょう。

そういえば先日復縁を達成した方も、私に連絡をするのは自分の不安の払拭と、方向性の確認、モチベーション維持のためだと仰ってました。

今思うとかなり正しい私の利用方法だと思います。

一番マズイのは不安になって方向性がブレてしまい、当初とやっていることがチグハグになることです。

相手から見ても印象が悪いので、ブレるのはおすすめしません。

⑤「自分だったら」と考えてしまう
↓相手と自分は、違う人間

当たり前ですが相手と自分が違う人間です。

だからこそ今その恋はうまくいっていないと言えます。

それなのに〝自分だったら〟と考えるのはナンセンスです。


相手が男性脳の場合、進展しない理由で多いのが**「感情と理性の折り合いがつかない」**というものです。

男性脳側から別れ話をしてきた場合、ある程度の期間を経て再び連絡を取り合って食事に行く仲になったとしても、

「あなたのことは好きだ。やっぱり復縁したい」

「でも、別れるって言ったのは俺だし。そう決めたのは俺だし」

この折り合いがつかない、つくのに時間がかかることが多いのです。

「あなたのことは好きだ。でも今の仕事の忙しさじゃ頻繁に会えないし、幸せにしてあげられない」などのパターンも多いと思います。

さらに難儀なのは、折り合いをつけるのが難しい、時間がかかるということを理解できない女性脳の方が非常に多いことです。

男性脳と女性脳の大きな違いの1つが「時間軸」です。

時間軸とは時の流れのことで、人間関係で使われる時は概ね「時の流れの感じ方」として使われることが多いでしょう。

一般的には男性脳よりも女性脳の方が時間軸は短いと言われています。

女性が「会ってから1週間も経っているのにまだデートの誘いがない！」と思っている時に男性は「え？　まだ1週間しか経ってなくない？」と思っているというのが分

かりやすい例えかと思います。

多くの女性が「こんなに経ったのに進展しない」と考えている段階で、男性は「まだ再会してそんなに経ってないし……」と考えている可能性もあるのです。

「感情と理性の折り合い」や「時間軸」の2つの例でも分かるように、**女性脳の人が男性脳の人についてを考える時「自分だったら」と考えたところで相手の考えている通りのことは考えられてない可能性が高いです。**

あくまでも「彼だったら」「あの人だったら」と考えるようにしましょう。

その方が思いやりにもつながりますよね。

自分の中の常識的な感覚を、
相手に当てはめて考えない
ことが大事

33

相手に新しい恋人ができても怒らない

あなたには直接関係のないこと

――実は新しい恋人の存在は気にしなくていい

前項で、相手に新しく好きな人や恋人ができたらどうするかという話に触れましたが、本項でさらに具体的に掘り下げていきます。

「直接関係ないと言われても心配です！」「関係ないわけないじゃん！」と言いたくなるのも分かるのですが、気にするのは無意味だと声を大にして言わせてください。

そもそも**復縁活動の場では、相手に新しい恋人ができることを怒ってしまう人が多いんです。**

自分のことを愛してくれていて「ずっと一緒」とか「結婚しようね」とか言ってい

た相手が、場合によっては別れて間もなく新しい恋人をつくって自分に言っていたのと同じことを新しい恋人に言っているかと思うと悲しいからです。

自分は戻りたいと思って復縁活動をしているのに相手が同じ気持ちではないのが、自分の気持ちを蔑《ないがし》ろにされているようで悲しいと感じるのも一因でしょう。

「怒り」という感情は、第二感情と呼ばれる感情です。

怒りには前段階の感情があり、それは「悲しい」「不安」「心配」などであることがほとんどです。

しかし深い感情を自覚している人はあまり多くないので「悲しい」をすっ飛ばして怒ってしまっているとは知らず、最初から自分は怒っているのだと感じるものです。

相手に新しい恋人ができて怒る人は、とても悲しいし不安だから怒っているというわけですが、もう別れているので相手がいつ誰を好きになろうがそれは自由です。

そこで**あなたが怒る権利はありません**。

相手と第三者の関係を邪魔することはできませんし、
まずは相手とあなたの関係を良くしていかなくてはならないのです。

時々ご相談者様の中に「でもすぐに連絡しないと相手に新しい恋人ができてしまうと思う（もしくはできている）んです。だからすぐ連絡したいです」と焦る方がいます。
後述しますが、もちろん連絡をしたほうがいい相手・別れ方もあります。
復縁はタイミングが重要なので時間勝負になることもありますが、一方で**「破局要因を解決していなければ復縁できても同じ理由で別れる」**というのが基本の考えです。

相手が別れたいと考えた要因を解決していないのに、無闇に連絡を取るとマイナスになってしまうことも多々あるのです。
その場合、相手から「やっぱり別れてよかった」と思われてしまうリスクもあるので復縁が余計に遠のいてしまいます。

たとえば束縛が理由で彼氏と別れてしまった人が、その後連絡を取れてまた会えたとして、元カレが「俺実は新しい彼女できそうなんだよね」と言ったとしましょう。感情的になって「私と別れたばっかりなのにすぐ彼女つくろうとするなんて最低！」などと言ってしまったら、その後復縁できると思いますか？

相手に「やっぱり別れてよかった」と思われてしまう可能性が高いでしょう。


相手と第三者のことが気になったとしても、もし破局要因が明確で改善の優先順位が高い場合は、連絡を取ることが最優先ではないと認識しておいてください。

――新しい恋人ができやすい愛着スタイル

愛着スタイルで、新しい恋人ができやすいかできづらいかの傾向が見えてきます。

新しい恋人ができやすい愛着スタイルは「不安型愛着スタイル」の方々です。

相手を束縛しやすく、ＬＩＮＥの返信がないと心配になり、何かあるとすぐに話し合おうとする、そんな傾向が強い人ですね。

全愛着スタイルの中で最も相手に対する感情が強そうに見えるので、新しい恋人ができやすいというのは意外に感じるかもしれませんが、不安型の感情の構成を考えるとさほど意外なことではありません。

不安型は好きな人との関係のベースが「不安」でできています。そのため、不安の数値が高ければ高いほど相手を束縛したり心配したりします。

そしてその「心配」や「不安」の感情が、時々訪れる「安堵」や「幸せ」との落差が激しければ激しいほど感情の振れ幅が大きくなり、そのアップダウンで「相手をものすごく好きなんだ」と思い込むのです。

しかし、**不安型の人にとって最も嫌なのは「不安の継続」なので、破局や恋人との関係悪化により不安な日々が続くと、その不安を別のもので埋めようとします。**

それが趣味や仕事ならいいのですが、新しい恋人であることも多いのです。

不安になった時に浮気しやすいのも不安型の特徴ということになります。

不安型でも復縁したがる人や長く相手を引きずる人も多いですが、これは他の愛着スタイルとのバランスや脳タイプが影響していると考えています。

不安型は「感情的」であることが多いため、その時、その瞬間、その場、そのタイミングの感情がすべてです。

「すごく良い人！」と思っていた人が自分に嫌な顔をしたら「嫌い」と変化します。だけどその人がまた親切にしてくれたら「やっぱり神だった、すごく良い人」とまた変わるのです。その時その瞬間にどのような感情が起こったかが重要だからです。

つまり、不安型はどんなに相手のことを好きでも、不安になって新しい恋人をつくった後その人のことをちゃんと好きになってしまったら、元恋人には見向きもしません。


今ここで「わかる〜！」と頷いた人は不安型傾向があるということですね（笑）。

不安型に次いで新しい恋人ができやすいのは「安定型」の人です。

安定しているので、次に目を向けることができます。

安定型の人が新しい恋人をつくると、安定しているがゆえに長続きする可能性があるので復縁希望組にとってはハードルが高くなります。

時々ネット上で回避型の人は新しい恋人を作りやすいとか浮気しやすいという内容を目にしますが、回避型の中にもタイプがあること、脳タイプが影響することも含め回避型は新しい恋人はできにくいというのが持論です。

――新しい恋人ができやすい脳タイプ

新しく恋人ができやすい脳タイプは「右脳優位」の人です。

右脳優位の人は感覚的、直感的であるという特徴とともに、好奇心旺盛で趣味や好みの幅が広いことが多いので、そもそも人と新しく出会う機会が多くなりやすいですし、この脳タイプの人はアウトプットの脳も発達していることが多いので、積極的に行動できる傾向にあるからです。

加えて良くも悪くもいろいろなことを「忘れやすい」ので、過去の恋人への感情や思い出、反省点なども比較的すぐに忘れてしまいます。

別れて悲しい気持ちになっていても、割とすぐに積極的に出会いの場に出向くこともあるでしょうし、紹介の場にも参加しやすいです。

そうして出会った人に対して好奇心を持って接するので、「撃つ数」も含めて新しく恋人ができやすいです。


右脳優位の人も感情的な人が多いので、別れ話の時にはめちゃくちゃ泣いていたけれど、1カ月足らずで新しい恋人ができているなんてのもよくある話ですが、だからといって泣いていた時の感情やその時に言っていたことがウソだとは限りません。

ただ、すぐ忘れちゃうだけで……。

右脳優位の人はウソも上手なので、絶対にウソではないとも言い切れないところが難しいのですが……。

元恋人の新しい恋愛事情は気にしても仕方がない

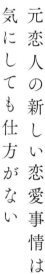

34

相手に新しい恋人ができた時にすべきこと

それでも復縁活動を続けるなら

——あなたがしなくてはいけないのは、相手との関係改善

相手に新しく恋人や好きな人ができてしまったということを知ったとき、自分が取るべき行動はなんでしょうか。

そもそも「想い続けるのか、諦めるのか」という問題があるのですが、ここは想い続けるという前提で考えていきましょう。

別れの要因、相手とのつながり方、相手の希望（重要）が大きく影響しますが、概ね3つの手段があります。

①何もせずに待つ

あらゆる要素を考えた時に、連絡を取り続けることはよくないと判断をし、なおかつSNSを見ることができるなど相手の情報が随時確認できる状態の時です。

相手と連絡を取っていない間に自己改革を進める方針とお考えください。

別れた時に悪い印象を与えていれば与えているほど、間を空けて変わった自分を見せた時には相手が良い意味で驚いてくれるはずです。

そして相手との再会は新しい恋人との関係が悪化している様子が見受けられた時か、新しい恋人と別れた時、好きな人であればそれを諦めた時が望ましいです。

ひとつ覚えておいてほしいのは、今のままのあなたが良いと言ってくれる人がいて、あなたがその人を好きになれるならそのほうが楽だということはお伝えしておきます。

自己改革と申し上げていますが、あなたを否定するわけでもあなた自身が根本から丸々全部変わるべきだと思っているわけでもないのです。

あくまでも復縁したいなら、破局要因に自身の言動が関係する場合は自己改革が必要だということです。

②定期的に連絡を入れる

これはSNSなどを利用しても相手の情報がほぼ分からない場合です。

相手がまだ新しい恋人と付き合い続けているのか、もう別れているのか、などの情報が一切入ってこない時は、定期的に連絡をして様子を伺うしかありません。

もちろんその間の自己改革は必須です。

③友人ポジションで連絡を取り続け理解者になる

ネットでもよく見かけるこの方法は本当に優秀です。

元恋人であれば相手の性格なども丸わかりなので、理解者にはなりやすいです。

相手が連絡を取ることも会うことも嫌がっておらず、自己改革なども会いながらできそうかつ、会っていてもボロを出さないことが条件です。

新しい恋人がいる場合はその恋人の意思で会えないと言われてしまう場合もありま

すので、その場合は別の方法を選びましょう。

連絡を取ったり会ったりしながらやらなくてはいけないのは、とにかく信頼関係を構築していくことです。

何かあって悩んだときに、新しい恋人よりも自分に相談してもらえるようになるととても良いです。

そうしているうちに新しい恋人への不満や、別れを検討している話を相談されるのを待つのです。

この方法を使う場合は、恋愛感情を持っていることや復縁を望んでいることを相手に悟られないのがベターでしょう。

なんだかんだで、
理解者ポジションは強い！

35

辛さに耐える術を身につける

感情が暴走しないための準備

——情報に踊らされないために

片想いや復縁活動中には、相手との直接的な進捗以外にもさまざまな情報が突然入ってきて、一喜一憂したり感情がアップダウンすることもあります。

その時にしていまいがちなのが、情報の事実を確認するための試し行動や相手への攻撃的なメッセージ。

しかしここまでお伝えした通り、それはやってはいけないことなので、しないための感情コントロールがどうしても必要になってきます。

——感情以外にキャパシティを振り分ける

感情的になってしまうとインプットやアウトプットが狂うとお話ししましたが、逆に言えば**インプットやアウトプットに脳のキャパシティを割り振れば、その分感情にとられるエネルギーは減る**ということになります。

これは本当になんでもいいのですが、すぐにできることであれば、インプットなら読書やドラマ、スポーツ観戦に行く。アウトプットであれば運動や掃除など身体を動かすことが挙げられます。

ゲームや音楽ライブ、映画の応援上演なんかはインプットもアウトプットも両方使うので実はとてもオススメです。

カラオケもですが、こういった趣味がよくストレス発散方法に挙げられるのは、インプットとアウトプットにキャパシティが割かれる分、余計な感情に支配される余地が減るからなんですね。

私は音楽フェスにもよく行きましたが、一番おすすめなのはエアロバイクを漕ぎながら音楽をかけて読書もするというもの。

モヤモヤするなと感じたときに実践すると、インプットもアウトプットもかなりエネルギーを使うので、やり終えて汗だくになっていると「何にモヤモヤしていたんだっけ？」と分からなくなっているほどです。

ご相談者様にも、相手に対して変なＬＩＮＥをしそうになってしまったら部屋の掃除をするというルールを徹底し続けた結果「もう掃除するところがありません！」と言っていた方がいました。

一番ダメなのは何もしないでベッドでゴロゴロしていること。それならベッドで前転でもしていたほうがよっぽどマシなのです。

夜なかなか寝付けないという方は、１日２万歩歩くことを心がけるなど寝るまでに身体を疲れさせることを意識してみてください。

ダイエットにもなって一石二鳥ですよ。

――プランＢをつくる

もう一つ感情コントロールのためにおすすめの方法は、**あらかじめ思い通りにいかなかった時のプランＢをつくっておく**というものです。

久々にＬＩＮＥをしてみる、久々に会うという時に、返事がなかった、ドタキャンされた、思いの外早い段階で解散になってしまったなど、思い通りにいかないことはよく起こります。

そういう時、**実際にそうなってから次の行動を考えると情緒が不安定になっておかしな言動につながってしまいかねませんが、あらかじめ冷静な状態でプランＢをつくっておけば未来の自分を救うことにつながるのです。**

実際のご相談者様の例ですが、１年前のＬＩＮＥが未読のままで今回改めてＬＩＮＥをするという状況で、返信が来る可能性はとても低いと自覚していました。

なのでＬＩＮＥをする時間も決めておいた上で、ＬＩＮＥ送信後家に帰るまでの間に美術展に行って、その後行く商業施設も買うものも決めておいて、翌日から旅行に行く、そのチケットもホテルも全部予約済みという状態でＬＩＮＥをしたそうです。

結局返信はなかったそうですが、彼女はあらかじめ決めておいた予定をすべて実行し、旅行も楽しんで帰ってきました。

「以前だったら大騒ぎしていたと思うし、ＬＩＮＥを送った後ずっと家にいたらヤバかったと思う」と言っていましたが、おそらくその通りに相当感情が暴れていたのではないでしょうか。

このご相談者様の場合、1年ぶりのＬＩＮＥという非常に重たい状況でしたので旅行レベルのプランを設定しておいて正解だったのですが、人によってはカフェに行くとか映画を観るといった内容でも済むこともあります。

「最強のプランＢは美容整形かも」と言っていたご相談者様もいましたが、言いえて妙かもしれません。

友人と会って話すのも良いプランＢですが、ネガティブなアドバイスをする友人や共通の知人の場合は避けた方がいいでしょう。

なるべく冷静な自分でいられる工夫を採り入れよう

第6章

自分軸の人生を選べる女になるために

36

自分を客観視できるようになろう

自己肯定感のパラドックス

――自己受容を大切に

自分軸で生きるために必要なのは、今風に言うと自己肯定感ですが、これは他人軸に左右されていると高まっていきません。

そもそも私は自己肯定感という言葉が好きではありません。

書籍やネットで調べると、自己肯定感を上げるためには「自分ができていること、得意なことを見つけて自分を褒めてあげましょう」という論が出てきますが、これはもともとある程度の自己肯定感がある人だからこそ効く方法でもあります。

自己肯定感が低い人は、**自分を褒められる部分を探すことによって褒められない部分を否定してしまいます。**だからそもそも自己肯定感がもともと低いんですね。

たとえば絵を描くのが上手、料理はとても下手という人がいたとして、絵が上手なところを自分で褒めてあげようとすると、料理が下手なところに落ち込むというパラドックスに陥ります。

大切なのは得意な部分も苦手な部分もありのままの自分なんだと受け容れる自己受容です。

自己受容ができている人こそが、自己肯定感の高い人ということですね。

――「自分の本質を変える」は間違い

自己受容ができている人とできていない人には、恋愛にも深く関わる決定的な考え方の違いがあります。

仕事でミスをしたという仮定で、その差を見てみましょう。

自己受容ができていないAさん

仕事でミスをしたAさんは「やっちゃった」「会社にも迷惑かけちゃった」と自分を責めてすっかり落ち込んでしまいました。

「私って本当にダメだ」と痛感したAさんは「変わらなきゃ」と決意し、自己啓発書を読むなどして仕事でミスをしない自分に変わろうと努力を始めました。

自己受容ができているBさん

仕事でミスをしたBさんは「あ〜私ってこういう条件が揃うとこんなミスをしてしまうんだなあ」と、勉強になったという様子です。

自分の性格的に、同じ状況になったらまた同じミスをしそうだと思ったBさんは、普段の仕事のルーティンを見直すなどして、同じ状況になることを避けることを意識するようになりました。

AさんとBさんの違いは、自分自身の根っこを変えようとしているかどうかです。

復縁のための自己改革以上に、自分自身の本質的な部分は得意なところも苦手なところも変えるのはなかなか難しいことで、強い意志や努力、継続力も必要になるでしょう。

しかしBさんは、**ミスをした自分を受け容れて「ではどう対策するか」**に焦点を当てています。

みなさんの中にも同じタイプの方がいらっしゃると思いますが、私は帰宅後ソファに座ってしまうとお尻から根が生えたように動けなくなってしまう人間です。

ここでソファに一度座ってからでも意志で動ける人に変わろうとするのか、ソファに座ってしまったら終わりと自覚して、そもそもソファに座らないようにするか。

分かりやすく言えばこういうことです。

私はソファに座ると動けない自分のままですが、やることを終えるまではソファに座らないというルールを10年以上守り続けています。

ソファの配置を変えるとか、家に帰ったらまず風呂にお湯を溜めるとか、いろいろな対策方法がありますが、それらはすべて自分自身を変えたわけではないですよね。

――自分を客観視できるようになるには？

自己受容ができるようになるためには、自分を客観視できるようになることが必須です。

そうすることで自分のことを正確に知ることができるので**「こういう時に無理しがちだな」とか「こういう時にこれをする傾向があるな」とか「自分がこう言ってる時は正しいことが多いな」というようなことが分かってきます。**

自分を知れば知るほど、恋愛においても間違った言動を取るリスクが減りますし「本当にこの人でいいのか？」など重い判断をする時にも自分に自信を持つことができるようになるのです。

自分を客観視するには、記憶力、観察力、行動力、言語化力、傾聴力、感情力、理解力、思考力などさまざまな能力が必要で、その中の自分の不得意分野をトレーニングで伸ばしていくことによって、自分を客観視する力がついていきます（参考：『脳の名

医が教える　すごい自己肯定感』加藤俊徳著　クロスメディア・パブリッシング刊）。

たとえば、おすすめなのは複数の料理を制限時間を決めて同時に作るという方法と、他人の相談に乗るという方法です。

前者は脳みそのいろんな部分を使うトレーニングで、脳をなるべくフルに稼働させることによって自分の記憶を上手に参照できるようになったり、決めたことを決めた時間内に終わらせることができるようになったりします。

難しいという方は、毎日なんでもいいのでごく簡単なタスクを決めて、それを必ず実行するということをやってみてください。

「コンビニでアイスを買う」や「今日はこの道を通って帰る」などでＯＫです。

後者は恋愛でなくてもＯＫ。

誰かの相談に乗るということは、インプットを鍛えるのにもってこいです。

相談に乗った後に、自分がした定義付けやアドバイスは本当に正しかったのかという振り返りをするとなおいいでしょう。

たとえば友人から「彼氏が知らない女性と2人で歩いていた」という相談を受けた時に、自分が「それ浮気じゃない？」と言ったとしたら、本当に浮気と言える根拠は揃っていたのかなどを後で検討してみてください。

他人のことなので、自分のことよりも比較的感情的になりづらく、冷静にインプットの6ステップを踏むことにもなります。

情報処理の精度も上がっていきますし、ものごとを客観視する力もつきますよ。

仮に自分の彼氏が知らない女性と歩いている現場を目撃したときにも、瞬間的に「浮気だ！」と思い込まず、以前より冷静に検討し判断できるようになるはずです。

自己受容ができるようになると
恋愛でも正しい対応が
とれるようになる

37

本心から出た価値観を軸に生きていく

他人軸に振り回されないために

――自分の欲求を見つけよう

自分軸の人生を生きるためには、**自分が本当に大切にしたい価値観、本当にやりたいことに気づくことも大切です**。

まずは今までの人生を振り返って、自分の好きなこと、嫌だったこと、自分の心が揺さぶられたことや大切にしたいことを紙などにすべて書き出していきましょう。

出てきたものの中からでもいいですし、それをヒントにしてもいいので**「自分にとっての幸せって何なのか？」**を念頭に見つけてください。

ご相談者様にもこのワークをやってもらうことがあるのですが、意外なことに気付く方がたくさんいらっしゃいます。

満足感を得たいんだな、ワクワク感が欲しいんだな、人と一緒に何かしたいんだな、などなど意識していなかったことに気付く方が多いです。

さらにもう一歩進んで、次は自分の軸をたくさん決めていく作業に入ります。

「これだけは守りたい」「これだけは譲れない」「これだけは許せない」など。

「ポイ捨てだけは絶対に許さない」というようなものでも結構です。

――本当に本心かを疑う

簡単に感じられる方もいるかもしれませんが、実はこの作業は結構難しいです。

自分の軸は本心から出てきたものでないと意味が薄いのですが、実はあまり本心がすんなり出てきません。

とあるご相談者様は「仕事で今任されているプロジェクトをしっかりやり切りたい」ということを挙げたのですが、私に「本当にそれをやりたいの？」と何度も聞かれると「えっ？」と驚いた声を出しました。

もちろんそういう方もいらっしゃるかもしれませんが、やるべきことややったほうがいいこと、やりきれば成長できるなというのは言わば**社会的な鎧《よろい》をかぶった価値観で、本心ではありません。**

みなさんどうしてもそっちに引っ張られてしまうのですが、そうではなくもっと根源的な欲求やポリシーを出すのが大切なのです。

「あと何キロ痩せたい」と言った方も「地球に自分以外いなくても痩せたい?」と聞かれると「それはいいです」と返ってきました。

結局それは他人からの評価、他人軸における目標で、本当は太っててもいいから食べられるだけおいしいものを食べたかったのです。

誰にも見られていなくても、痩せていいスタイルになることが誇らしいしうれしいと思えるのであれば、それは自分軸と言えるでしょう。

――自分軸に沿った恋人を見つけるために

自分の軸が定まっていくと、本当にしたい恋をできる確率が上がっていきます。

先ほどのワークで自分なりに決めた「これだけは譲れない」という軸を持って恋愛

に臨んでください。

軸から外れた恋に突っ走ってしまっている時というのは、かなりの高確率で自分の中の悪魔が悪さをしている時です（194ページ参照）。

軸から外れたことを続けていた結果、いつの間にか自分が全然希望していない相手とまったく理想ではない結婚をしていた、というケースも実際に起こります。

別れたくない、結婚したい、という気持ちを優先して自分の軸を無視した結果、相手に合わせて自分にウソをつくのが当たり前になってしまい、どんどん良くない方向に進んでいってしまうのです。

もし、Aの軸で考えれば結婚したい相手だけど、Bの軸で考えれば合わないかもしれない、とバッティングした時は、AとBの軸どちらが自分にとって優先度が高いかで考えるのも1つの手でしょう。

あるご相談者様は旅行が大好きな方だったのですが、相手は飛行機や船が苦手でNGな方でした。

「旅行好きなのにその人で大丈夫なの？」と聞くと「克服させます」と仰っていましたが、もし克服できなかった場合にもその人を想い続けるのかどうかは、旅行という趣味が自分にとってどれだけ大切な軸なのかで判断することになるでしょう。

「一緒に海外旅行に行けない人」という自分軸から外れた相手ですが、旅行よりも優先度の高い自分の軸においてその彼が大切な存在であるのなら、彼を選ぶということも正解になりえます。

いかがでしょうか？　この本を読むまでは「この人しか考えられない」という相手がいた方も、もしかしたら考え直そうかなと思い始めた方もいらっしゃるかもしれませんね。

他人軸で生きることに慣れると いつの間にか幸せを手放してしまう

38

恋愛は思い込み、そしてすべて自分のもの

ヒロインは、自分で選ぶ

——大失恋＝失くした宝石

「恋愛というのは、自分を愛する感情のこと。

大失恋といっても、宝石をなくした程度のことです」。


これは『子どもの心の育てかた』（河出書房新社）という本の中で、精神科医の故・佐々木正美先生が述べられている言葉です。

宝石はとても綺麗で美しいものですよね。

高価で希少価値の高いものでもあるので、持っている宝石はとても大切に身につけますし、それで心が明るくなったりテンションが上がったりするものです。

でもそんな大切な宝石を失くしてしまい、どうしても見つからない時……。

最初はとてもショックを受けるかもしれませんが、いつかは別の宝石を手に入れてそちらをまた大切に身につける。そして以前失くした宝石のことは忘れてしまう。

そういうものだと思います。

恋愛も宝石と同じ所有物だと考えられれば、もし失くしてしまったとしても、また違う恋に出会いその恋（＝宝石）を「綺麗だなぁ」と愛《め》でられるのです。

――その恋愛を終わらせるのも続けるのも自分次第

恋愛とは結局思い込みなので、その相手のことを好きだと思い続けていればずっと好きなままですし、「もういいや」と思えば好きではなくなります。

仮に復縁したい相手がいるとして、復縁活動をしている間にどれだけ時間が経過したとしても、2人の身に何が起こっても、想い続けることはできてしまいます。

相手がまったく振り向かなかったとしても、

相手に新しい恋人ができてしまっても、
相手が結婚してしまっても、
相手が亡くなってしまっても、

本人が終止符を打たない限り恋愛は終わりません。

逆に言えば、**もしかしたら復縁できるかもしれないという状態であっても「やっぱりいいや」と思えれば終わらせることもできる**のです。

――「思い込み」を自覚できる人は強い

つまり、「恋愛＝思い込み」であることを理解していれば、ある程度自分の恋愛感情を制御できるということです。

「相手のことは好き。だけど……」。

この**「だけど」と続く考え方ができるようになれば「クズ男」にハマらずに脱出できたり、未来が見えない恋愛にしがみつかなくなったりします。**

実際、ご相談者様の中にも「このまま続けていても不毛だな」「このまま続いても自分が大切にされる気がしない」「付き合う分には楽しいけど、結婚したら苦労するだろうな」ということを冷静に考えることができるようになり、「やっぱり別の人を探そう」「復縁活動もしつつ、新たな恋を探そう」となる方も結構出てきます。

この恋を続けたいのか、続けたくないのか。
成長した女性は自分で選択することができるようになるのです。
それが、負けヒロインを卒業するカギになるのです。

ここまで読んでいただいた
あなたなら、きっと大丈夫！

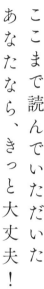

Epilogue

２０２３年の夏が終わったころ、ココナラを経由してすばる舎さんから本書の企画書が届きました。

私は普段さまざまな理由で多くの人にリーチするマーケティングを行っていないため、まさか出版社の方の目に留まるとは考えてもおらず、かなり驚いたのと同時に非常にうれしかったのを覚えています。

私がのんびりとちんたら書き続けているのも辛抱強く待ってくださり、気づいたら当初から1年以上経過してしまいました。

私が当初想像したより何倍も良いものが完成したのは、間違いなく企画をくださったすばる舎編集部の大原さんをはじめ、ご意見をくださったすばる舎のみなさまのおかげだと思っています。

私が非常に大きな影響を受けた大変有名な理論に「ゴールデンサークル理論」というものがあります。

2010年にイギリス出身、アメリカで活躍するビジネスコンサルタントのサイモン・シネックという人が発表した理論で、人は「WHY（なぜ）」で動くという理論です。優れたビジネスは「なぜ、それをやるか」が明確になっている、優れたリーダーはなぜそれをやるかを伝える、という内容です。

何年も前から私は「1日の3分の1以上、つまり大げさに言うと人生の3分の1を仕事の時間に費やすのに、その時間が楽しいと思えないのはどうなのか？」と考えており、それを解消する方法を求めて仕事をしていたと思います。

ゴールデンサークル理論を知った頃、私は採用関連の仕事をしており、お会いするクライアントの多くは企業の人事でした。

そこでも時折私は「地球のしごとをもっと楽しく」というコンセプトを提示しながらお話ししていました。

人事の方に話していたわけではありませんが、「しごと」は会社で働くことだけではないので、例えば専業主婦の日々のしごとも含みます。

しかし、好きな仕事に就ける人というのは非常に稀で、多くの人が給料をもらって日々生活をするために毎日の仕事をこなしているということを思い知ったと同時に、そもそもプライベートで問題を抱えていると仕事にも身が入らない、気が散る、落ち込むということがよく分かりました。

であれば仕事以前に日々を楽しく過ごすために、少しでも悩んでいる事を解消できればと考えた時「そういえばこの世には悩み相談のプロがオンラインで相談を受けつけているよな」と思い出したのです。

当時勤めていた広告関連の会社がコロナの打撃をもろに受け、進んでいた案件がほぼペンディングになったことから、会社に副業の許可を得られたので「じゃあ悩み相談をやってみよう」と思ったのが２０２０年４月の緊急事態宣言の時でした。

多くの人が自宅で過ごしていた時にココナラで待機し、依頼を受けたら相談に入りながらめちゃくちゃ勉強しました。

といっても私が勉強したのは心理士さんが勉強するようなことではなく、興味のある論文を読んだり本を読んだり、というものが多かったと思います（のちに大学や大学院に行くことも検討しましたが、自分のやりたいこととかかる時間の割が合わないと思ったため一旦やめています。今後きっかけがあれば再検討したいことの１つです）。

徐々に依頼が増え、相談を開始してすぐにランキング上位に入り、恋愛相談の依頼ばかりになった頃にはもうずっと1位でした。

そして、皆さんとお話しすればするほど、恋愛が日々の生活や仕事に与える影響の大きさに驚きました。

２０２０年12月頃には既に自己改革の話をご相談者様にし始めており、認知の歪みを修正（悪魔退治）することでものごとの見え方や感じ方、その後の自分の言動が変わる、自分の辛い気持ちなどが良くなっていくことを伝え始めていました。

私の恋愛相談・復縁相談は入り口こそその恋愛や復縁のゴールを達成するために始めますが、そのゴールを得られなくともご相談者様が少しでも楽しく、辛い気持ちを前向きに変えて日々の生活を送れるようになるのを本当のゴールだと思っています。

相談の途中で相手以外の人を好きになる人、相手への気持ちが徐々に減っていく人、ご自身の人生の優先順位について考えて相手を諦める人、もちろん当初のゴールを達成する人などさまざまですが、きちんと相談に向き合ってくれたご相談者様は多くの場合たくさんのものを得てくれていますし、復縁希望のご相談者様が復縁できた後であっても相談を続けてくれたりしています。

社会に出てからどんな会社でどのような仕事に就いても「この仕事はこういうとこ

ろが楽しい。私には合っている」と思いながら生きてきた私が「今までの仕事を楽しいと思っていたのは次元が違っていたんだな」と思うほど、今の仕事にやりがいと未来を感じています。

ご相談者様がお礼を伝えてくれるたびに、私の日々の生活や仕事も楽しくなるのです。

これからも、ご相談者様の日々の時間を少しでも楽しく、少しでも良い時間を増やしてもらうため、相談を続けていきたいと思います。

この本を手に取ってくれて、ありがとうございました。

あなたにも、楽しい日々が訪れますように。

2025年1月　佐藤愛

佐藤愛　さとう・めぐみ

恋愛・復縁/人間関係コーチ。上級心理カウンセラー。

埼玉県出身。

経営・人材支援・営業・マーケティングを経験した後、コロナ禍をきっかけにスキルマーケットサイトのココナラで個人向け悩み相談を開始。

その中の恋愛相談が予約で埋まるようになり、いつしか恋愛や復縁専門になる。

メンタルに寄り添わない、結果にこだわる相談スタイルのため、カウンセリングではなく「戦場」と恋愛相談を称しており、同カテゴリにて4年近く1位に君臨し続けている。

希望があればビジネスや職場の人間関係、家族との関係にまで及ぶ話をするため、当初の恋愛の希望が叶わなくとも何かしらの結果を得てもらうことがポリシー。

負けヒロインを卒業する日
恋愛成就・復縁を叶えるレッスン

2025年1月29日　第1刷発行

著者　佐藤愛
発行者　徳留慶太郎
発行所　株式会社すばる舎
〒170-0013
東京都豊島区東池袋3-9-7 東池袋織本ビル
TEL 03-3981-8651（代表）
03-3981-0767（営業部）
FAX 03-3981-8638
https://www.subarusya.jp/
印刷　株式会社シナノパブリッシングプレス

落丁・乱丁本はお取り替えいたします

ISBN978-4-7991-1259-5